ADMINISTRAÇÃO de
CARGOS
e SALÁRIOS

EDITORA
intersaberes

DIALÓGICA

O selo DIALÓGICA da Editora InterSaberes faz referência às publicações que privilegiam uma linguagem na qual o autor dialoga com o leitor por meio de recursos textuais e visuais, o que torna o conteúdo muito mais dinâmico. São livros que criam um ambiente de interação com o leitor – seu universo cultural, social e de elaboração de conhecimentos –, possibilitando um real processo de interlocução para que a comunicação se efetive.

Administração de cargos e salários

Amanda Izabelle Moreno

EDITORA intersaberes

Rua Clara Vendramin, 58 . Mossunguê
CEP 81200-170 . Curitiba . PR . Brasil
Fone: (41) 2106-4170
www.intersaberes.com
editora@editoraintersaberes.com.br

Conselho editorial	Dr. Ivo José Both (presidente)
	Dr.ª Elena Godoy
	Dr. Nelson Luís Dias
	Dr. Neri dos Santos
	Dr. Ulf Gregor Baranow
Editora-chefe	Lindsay Azambuja
Supervisora editorial	Ariadne Nunes Wenger
Analista editorial	Ariel Martins
Capa	Sílvio Gabriel Spannenberg
Projeto gráfico	Fernando Zanoni Szytko
Diagramação	Conduta Produções Editoriais

Dados Internacionais de Catalogação na Publicação (CIP)
(Câmara Brasileira do Livro, SP, Brasil)

Moreno, Amanda Izabelle
  Administração de cargos e salários / Amanda Izabelle Moreno. – Curitiba: InterSaberes, 2014.

  Bibliografia.
  ISBN 978-85-8212-994-4

  1. Administração de pessoal 2. Avaliação de cargos 3. Salários I. Título.

14-03125   CDD-658.3

Índice para catálogo sistemático:
1. Administração de pessoal: Administração de empresas 658.3

Foi feito o depósito legal.
1ª edição, 2014.

Informamos que é de inteira responsabilidade da autora a emissão de conceitos.
Nenhuma parte desta publicação poderá ser reproduzida por qualquer meio ou forma sem a prévia autorização da Editora InterSaberes.
A violação dos direitos autorais é crime estabelecido na Lei n. 9.610/1998 e punido pelo art. 184 do Código Penal.

Sumário

13 *Apresentação*

15 *Como aproveitar ao máximo este livro*

19 *Introdução*

1
22 Conceitos e definições
23 1.1 Salário
24 1.2 Salário nominal e salário real
25 1.3 Composição dos salários
27 1.4 Remuneração
27 1.5 Remuneração total
29 1.6 Recompensas financeiras
29 1.7 Critérios para a elaboração de um plano de remuneração

2
36 Introdução à análise de cargos
37 2.1 Conceitos da análise de cargos
38 2.2 Processo de análise de cargos
39 2.3 Definições dos principais termos empregados na análise de cargos
43 2.4 Titulação dos cargos de acordo com a Classificação Brasileira de Ocupações (CBO)
47 2.5 Classificação de cargos conforme os grupos ocupacionais
50 2.6 Fatores de especificações na análise de cargos
54 2.7 Fases ou etapas da análise de cargos

3
58 Coleta de dados
59 3.1 Métodos de coleta de dados
61 3.2 Modelos de questionários para levantamento de funções
66 3.3 Questões abordadas em uma entrevista sobre cargos
68 3.4 Vantagens e desvantagens do método da entrevista
68 3.5 Métodos mistos ou combinados

4

- 72 Descrição e especificação de cargos
- 73 4.1 Regras para descrição e especificação de cargos
- 77 4.2 Descrição sumária
- 77 4.3 Descrição detalhada
- 78 4.4 Especificação do cargo
- 81 4.5 Revisão das descrições de cargo
- 83 4.6 Níveis hierárquicos e responsabilidades típicas
- 85 4.7 Verificação da consistência, da funcionalidade e da qualidade das avaliações
- 87 4.8 Modelos de descrição de cargos
- 98 4.9 Titulação de cargos
- 99 4.10 Descrição de cargos: procedimentos gerais

5

- 106 Avaliação de cargos
- 107 5.1 Comitê de avaliação de cargos
- 108 5.2 Cargos-chave
- 109 5.3 Organização do processo de avaliação de cargos e treinamento de avaliadores

6

- 116 Avaliação de cargos por métodos não quantitativos
- 117 6.1 Método de escalonamento
- 125 6.2 Método de graus predeterminados

7

- 132 Avaliação de cargos por métodos quantitativos
- 133 7.1 Método por pontos
- 136 7.2 Manual de avaliação de cargos
- 144 7.3 Montagem da tabela de avaliação
- 148 7.4 Orientações para a construção de uma tabela de tabulação de fatores
- 151 7.5 Avaliação dos cargos-chave

8

- 154 Curva de maturidade
- 155 8.1 Histórico e aplicação
- 155 8.2 O método simples
- 158 8.3 Maturidade como termo amplo
- 158 8.4 Curva de maturidade e graus predeterminados
- 159 8.5 Curva de maturidade e pontos

9

- 162 Pesquisa salarial
- 163 9.1 Amostra de dados de pesquisa
- 164 9.2 Qualidade da pesquisa
- 164 9.3 Metodologia da coleta de dados

10

- 166 Desenvolvimento da pesquisa salarial
- 167 10.1 Fases de elaboração da pesquisa salarial
- 167 10.2 Seleção dos cargos
- 169 10.3 Seleção das empresas participantes
- 171 10.4 Preparação do manual para a coleta de dados
- 173 10.5 Formulário para obtenção de coleta de dados: informações sobre benefícios
- 174 10.6 Cronograma
- 174 10.7 Coleta de dados
- 174 10.8 Tabulação dos dados
- 174 10.9 Análise da consistência dos dados
- 175 10.10 Tipos de pesquisa
- 176 10.11 Análise dos resultados e relato aos participantes

11

- 180 Tabulação dos dados de pesquisa
- 183 11.1 Análise da pesquisa por cargo e por grupo salarial
- 187 11.2 Tabulação dos dados e estatística
- 187 11.3 Estatística aplicada à administração salarial
- 190 11.4 Exemplo prático de tratamento estatístico
- 194 11.5 Exemplo de tabulação dos dados
- 195 11.6 Tratamento dos dados

12

200	Política salarial
201	12.1 Conteúdo da política salarial
201	12.2 Manual de administração de salários
203	12.3 Salário de admissão
204	12.4 Promoções
204	12.5 Reclassificação do cargo
205	12.6 Salário para um novo cargo
206	12.7 Alterações salariais
206	12.8 Transferência de cargo
206	12.9 Reajustes salariais
207	12.10 Adequação salarial durante implementação

13

210	Benefícios sociais
211	13.1 Benefícios sociais na política de manutenção de recursos humanos
212	13.2 Origem e evolução dos benefícios sociais
212	13.3 Tipos de benefícios sociais
214	13.4 Objetivos dos planos de benefícios
215	13.5 Desenho do plano de benefícios
216	13.6 Critérios relevantes para o desenho do plano de benefícios
216	13.7 Etapas do desenho do plano de benefícios
217	13.8 Custos dos planos de benefícios
218	13.9 Planos de previdência privada
218	13.10 Como escolher o pacote de benefícios mais adequado
219	13.11 Cotação do pacote de benefícios

14

222	Revisão e aspectos finais da administração de cargos e salários
223	14.1 Plano de cargos e salários: conceitos e tendências
224	14.2 Objetivos do plano de cargos e salários
225	14.3 Responsabilidades em relação ao plano de cargos e salários
225	14.4 Visão geral da estrutura do plano de cargos e salários
227	14.5 Cronograma para implementação do plano de cargos e salários

228	14.6 Fases de implementação do plano de cargos e salários
231	14.7 Formas de variar as funções do cargo
234	14.8 Avaliação de desempenho
235	14.9 Meritocracia
235	14.10 Encargos sociais no Brasil
236	14.11 Aspectos legais do plano de cargos e salários
239	*Para concluir...*
241	*Estudo de caso*
245	*Referências*
251	*Respostas*
259	*Sobre a autora*

Algumas pessoas existem em nossas vidas simplesmente para nos inspirar a fazer algo por nossos sonhos. Dedico esta obra a uma pessoa em especial, que tem me mostrado que sonhar é o primeiro passo para realizar e que por meio do seu apoio incondicional, me ajudou a chegar até aqui: minha querida e amada mãe, Elizabeth Moreno. Também dedico este livro, com muito carinho, ao meu filho, Giovanni Moreno, que tem feito da minha vida uma razão especial para realizar sonhos.

Apresentação

Esta obra, *Administração de cargos e salários*, foi concebida com a missão de conduzir você ao processo de entendimento sobre a construção de um plano de cargos e salários, recorrendo, para tanto, a conceitos aliados a metodologias explicativas e práticas acerca de como fazer a ideia sair do plano teórico e ganhar vida nas organizações.

Em face de uma nova realidade mundial, na qual as mudanças ocorrem velozmente, as empresas se deparam com avanços rápidos e necessitam acompanhar as novas tendências para que se mantenham sustentáveis.

A busca pelo profissional mais adequado sempre existiu; no entanto, os avanços e as mudanças relacionadas à área de recursos humanos também acontecem de maneira muito rápida. Na era da informação, o grande desafio das empresas consiste em manter profissionais leais ao negócio, proporcionando um clima de parceria, diálogo aberto, valorização do desempenho e atenção às necessidades de cada indivíduo.

Neste livro, traçaremos um projeto de ação envolvendo as fases do plano de cargos e salários, viabilizando uma nova realidade para a organização, pois, a cada capítulo, você praticará, por meio dos exercícios propostos, o conhecimento adquirido, o que lhe possibilitará a adequação de cada conteúdo à sua realidade organizacional.

Diante de tantas mudanças no mundo empresarial, o tema *administração de cargos e salários* tem sido objeto de constantes discussões e questionamentos no que diz respeito a eficácia de sua aplicabilidade. Acompanhar tais mudanças é fundamental para que você entenda as necessidades atuais do mercado e, assim, conduza as técnicas de forma condizente com os novos tempos.

Como aproveitar ao máximo este livro

Este livro traz alguns recursos que visam enriquecer o seu aprendizado, facilitar a compreensão dos conteúdos e tornar a leitura mais dinâmica. São ferramentas projetadas de acordo com a natureza dos temas que vamos examinar. Veja a seguir como esses recursos se encontram distribuídos no decorrer desta obra.

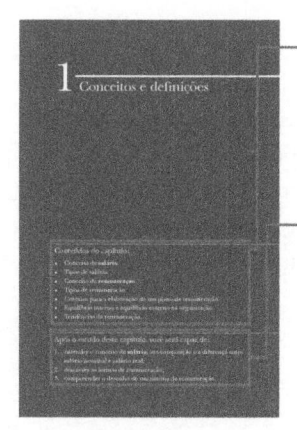

Conteúdos do capítulo
Logo na abertura do capítulo, você fica conhecendo os conteúdos que nele serão abordados.

Após o estudo deste capítulo, você será capaz de:
Você também é informado a respeito das competências que irá desenvolver e dos conhecimentos que irá adquirir com o estudo do capítulo.

Estudos de caso
Esta seção traz ao seu conhecimento situações que vão aproximar os conteúdos estudados de sua prática profissional.

Síntese
Você dispõe, ao final do capítulo, de uma síntese que traz os principais conceitos nele abordados.

Questões para revisão
Com estas atividades, você tem a possibilidade de rever os principais conceitos analisados. Ao final do livro, a autora disponibiliza as respostas às questões, a fim de que você possa verificar como está sua aprendizagem.

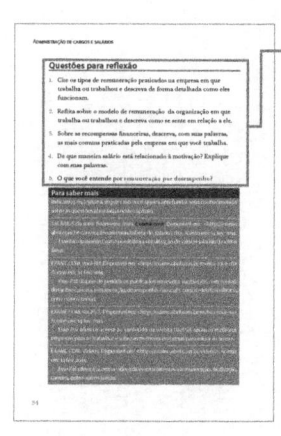

Questões para reflexão
Nesta seção, a proposta é levá-lo a refletir criticamente sobre alguns assuntos e a trocar ideias e experiências com seus pares.

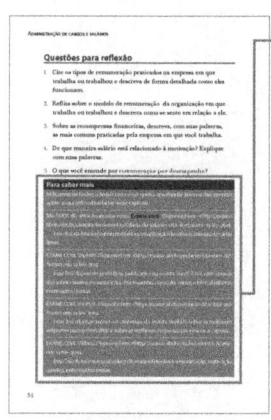

Para saber mais
Você pode consultar as obras indicadas nesta seção para aprofundar sua aprendizagem.

Introdução

Nos dias atuais, cada funcionário é visto como parceiro da organização, para a qual contribui utilizando seus conhecimentos, habilidades, dedicação e esforço pessoal. Uma questão muito abordada atualmente se relaciona ao salário e se ele funciona como fator de motivação para os funcionários.

Ao realizarmos uma retrospectiva desde o surgimento da primeira escola de administração, desenvolvida pelo norte-americano Frederick Taylor (1856-1915), então denominada *escola científica*, podemos observar que a motivação não era uma preocupação na época. Podemos também notar uma abordagem mecanicista, que procurava conciliar a empresa em relação ao empregado e a produtividade em relação ao salário. Nesse sentido, Taylor acreditava que poderia tornar as fábricas mais produtivas por meio da simplificação das tarefas e dos movimentos executados, sem se preocupar com a satisfação dos empregados. Em decorrência disso, observou-se o esfacelamento do processo produtivo, tornando o ser humano uma máquina facilmente substituível. O relacionamento social também foi excluído desse processo e, como recompensa, os salários melhoraram; no entanto, embora mais altos, não traziam satisfação ao empregado, pois garantiam somente sua sobrevivência.

Essa realidade trouxe inquietação aos administradores, pois não estavam preparados para enfrentar o cenário de desmotivação que havia se instalado nas fábricas. Em virtude desse problema, iniciaram-se, no fim da década de 1920 e início da de 1930, estudos que serviram de base para a teoria das relações humanas (desenvolvida com a experiência de Hawthorne, Chicago, EUA). Após anos de pesquisa, o australiano Elton Mayo (1880-1949) concluiu que o grupo social dentro da organização informal afetava profundamente as atitudes dos funcionários. Com base nesse dado, passaram a ser estudados os fatores que contribuíam para o processo de motivação dos empregados e constatou-se que o salário, isoladamente, não implicava em motivação.

Com o passar do tempo, a teoria das relações humanas passou por grandes mudanças, abrindo espaço a uma nova e aperfeiçoada teoria chamada behaviorista (de caráter comportamentalista, proposta por

Watson e Skinner). A partir dela, surgiram outras duas teorias extremamente importantes para a compreensão do mecanismo de motivação do ser humano: a da hierarquia das necessidades, do norte-americano Abraham Maslow (1908-1970), e a dos fatores motivacionais e higiênicos, do também norte-americano Frederick Herzberg (1923-2000).

O foco principal da teoria de Maslow era a compreensão do ser humano de acordo com uma percepção multidimensional, levando em conta a existência de diversas necessidades, desde as mais básicas até as mais complexas. Para o estudioso australiano, a motivação era o caminho para a satisfação da necessidade dominante.

Maslow defendia sua teoria por meio do modelo da hierarquia das necessidades humanas, segundo o qual, após uma necessidade ser satisfeita, dentro de uma escala, a próxima passa a ser o fator motivador, até atingir-se a satisfação de todas elas.

Conforme Maslow, as necessidades humanas são distribuídas em uma hierarquia composta por cinco grupos: as necessidades fisiológicas ou básicas representam a sobrevivência do indivíduo e a preservação da espécie (alimentação, sono, repouso e abrigo); as necessidades de segurança constituem a busca de proteção contra ameaças e privações (emprego, moralidade, corpo, família, saúde e propriedade); as necessidades sociais incluem as de associação, participação e aceitação (amizade, família e inclusão); as necessidades de autorrealização (autoconfiança, realização pessoal, respeito, prestígio e consideração) são as mais elevadas, pois cada pessoa busca realizar seu próprio potencial e autodesenvolver-se continuamente.

Associando a teoria de Maslow à questão salarial como fator de motivação, percebemos que este é apenas o "pano de fundo" para a satisfação daquelas necessidades. O salário pode contribuir para a aceitação social do indivíduo e, em termos de autoestima, é bem aceito quando da concessão de aumentos por méritos, por ser uma demonstração objetiva do quanto a empresa valoriza o trabalho do seu funcionário. Associado a um plano de cargos e salários bem administrado pelo departamento de recursos humanos da empresa, o salário pode vir a ser um fator de base para todos os outros fatores motivadores relacionados ao cargo ocupado e às perspectivas de crescimento profissional do empregado.

Frederick Herzberg, por meio da teoria dos dois fatores, leva-nos a compreender que o papel do salário é muito maior, pois está intimamente relacionado à satisfação das necessidades humanas, e explica como o ambiente de trabalho e o próprio trabalho interagem para produzir motivação. Tais necessidades estão divididas em fatores higiênicos e motivadores. Os higiênicos influenciam a satisfação com as condições de trabalho, ou seja, quanto melhor o relacionamento com os colegas e o tratamento recebido pelo superior, melhor será o clima no ambiente de trabalho. Segundo Maximiano (2009, p. 189), "ambiente de trabalho produz satisfação ou insatisfação com o próprio ambiente, mas não motiva para o trabalho". Por outro lado, os fatores motivacionais estão relacionados ao cargo ocupado, à responsabilidade exigida e ao reconhecimento profissional.

Portanto, o estudo sobre as teorias descritas induz à reflexão de que o salário, isoladamente, não é um fator motivador. A simples troca de mão de obra por um salário não produz satisfação no empregado. Se a relação entre os fatores citados não for mantida, a empresa perceberá uma queda no desempenho dos empregados.

Para que o fator motivacional possa ser mantido na organização, refletindo um cenário de pessoas engajadas, produtivas e criativas, ela deve entender que um plano de cargos e salários é extremamente importante e, nesse sentido, a partir da implementação dele, deve ser pensada também a implementação de planos de carreira, treinamento e desenvolvimento, e avaliação de desempenho.

No decorrer desta obra, você conhecerá os desdobramentos que surgiram a partir dos conceitos citados nesta introdução, por exemplo, o enriquecimento de tarefas e o desenvolvimento de aptidões que Herzberg propõe como elemento para se alcançar a satisfação no cargo, e também a importância da realização das necessidades humanas e como elas são adaptadas ao processo de administração de cargos e salários nos dias atuais.

1 Conceitos e definições

Conteúdos do capítulo:
- Conceito de **salário**.
- Tipos de salário.
- Conceito de **remuneração**.
- Tipos de remuneração.
- Critérios para a elaboração de um plano de remuneração.
- Equilíbrio interno e equilíbrio externo na organização.
- Tendências da remuneração.

Após o estudo deste capítulo, você será capaz de:
1. entender o conceito de **salário**, sua composição e a diferença entre salário nominal e salário real;
2. descrever as formas de remuneração;
3. compreender o desenho de um sistema de remuneração.

Conceitos e definições

Na introdução desta obra, fizemos observações não só sobre salário e motivação, mas também sobre como ambos vêm sendo tratados ao longo do tempo. Para que você compreenda melhor o estudo abordado tanto na introdução quanto no decorrer deste livro, apresentaremos neste capítulo alguns conceitos e definições relacionados a salário e remuneração.

Diante das constantes mudanças organizacionais, os colaboradores têm buscado compreender cada vez mais qual é seu papel dentro da empresa e seu valor para a organização. Essa reflexão vai além do campo financeiro, uma vez que a busca por valorização por parte desses profissionais impulsiona mudanças percebidas em sua postura profissional, fazendo-os refletir sobre o quanto sua mão de obra agrega valor para a empresa.

Conscientes dessa reflexão, as empresas têm buscado cada vez mais oferecer aos colaboradores incentivos condizentes com seu desempenho a fim de mantê-los na organização. Para isso, é fundamental que a empresa estabeleça uma coerência entre as remunerações, ou seja, que atinja o equilíbrio interno por meio de salários justos e sem distinção (no âmbito pessoal) entre os colaboradores.

Da mesma maneira que o equilíbrio interno é importante para manter salários justos, é preciso estar atento ao equilíbrio externo, obtido por meio da coerência entre as remunerações praticadas pelo mercado externo de trabalho, que reflitam sua realidade organizacional.

Mediante objetivos bem definidos, a empresa pode determinar o nível de desempenho que deseja de seus colaboradores, elaborando metodologias de remuneração que os incentivem a atingir seu melhor rendimento, de forma que seu trabalho contribua para o resultado final desejado pela organização.

1.1 Salário

Muitas são as maneiras pelas quais podemos conceituar salário, as quais dependem da forma como a remuneração é aplicada ou da maneira como ela se apresenta para o empregado e para o empregador.

Segundo Qualitas (2005, citado por Araújo, 2009, p. 46), *salário* é a "contraprestação em dinheiro, recebida periodicamente pelo corpo funcional, face a um trabalho desenvolvido num espaço de tempo previamente definido". Para Chiavenato (2010, p. 282), "O salário é uma contraprestação pelo trabalho de uma pessoa na organização. Em troca do dinheiro – elemento simbólico e cambiável –, a pessoa empenha parte de si mesma, de seu esforço e de sua vida, comprometendo-se a uma atividade cotidiana e a um padrão de desempenho na organização".

Ainda segundo Chiavenato (2010, p. 282), o salário pode ser considerado sob vários aspectos, a saber: "1. Pagamento de um trabalho; 2. Constitui uma medida do valor de um indivíduo na organização; 3. Coloca a pessoa em uma hierarquia de *status* dentro da organização; 4. Define o padrão de vida do colaborador; 5. Representa um investimento para a organização que produz retorno."

De forma resumida, o salário representa a troca entre direitos e responsabilidades recíprocos entre empregado e empregador, podendo ser classificados em salário nominal, efetivo, complessivo, profissional, relativo e absoluto, os quais serão explicados a seguir:

- **Salário nominal**: refere-se ao valor pago legalmente, exatamente como consta no registro da carteira de trabalho, e pode ser expresso em hora, dia, semana ou mês.
- **Salário efetivo**: diz respeito ao valor recebido pelo empregado já com os descontos legais.
- **Salário complessivo**: pode compreender valores adicionais, como horas extras, adicionais etc.
- **Salário profissional**: aquele cujo valor é determinado por lei para algumas profissões específicas, como médicos e engenheiros.
- **Salário relativo**: aquele cujo valor é determinado por meio de comparação entre um ou mais salários dentro da empresa.
- **Salário absoluto**: é o montante final, aquele que o colaborador recebe já com todos os descontos, o qual chamamos de *salário líquido*.

1.2 Salário nominal e salário real

A forma de pagamento de uma empresa é representada pelo montante que constitui a fonte de renda do indivíduo e determina seu poder de compra. Dessa forma, o salário pode ser **nominal** ou **real**.

Quando um contrato é firmado entre empregado e empregador, ambos acordam determinado valor a ser pago, que, nesse caso, chama-se **salário nominal**. Entretanto, é importante que o empregador reajuste o valor anualmente, para que não desvalorize e sofra perda de seu poder aquisitivo.

Por outro lado, o **salário real** representa o poder aquisitivo do empregado, ou seja, a quantidade de bens que pode adquirir por meio do volume de dinheiro que recebe.

1.2.1 Salário por unidade de tempo, por resultado e salário-tarefa

Cada indivíduo contribui de forma única para a organização, investindo tempo e dedicação para atingir um objetivo comum da equipe de trabalho e também da empresa. Em decorrência disso, o empregador paga ao colaborador salários que podem variar de acordo com o tempo investido, o resultado do trabalho e, ainda, o salário-tarefa.

O valor pago de acordo com o tempo durante o qual o colaborador permanece a serviço da empresa chama-se **salário por unidade de tempo**, podendo ser dimensionado por hora, semana, quinzena ou mês.

Já o **salário por resultado** é proporcional à produção do colaborador ou ao atingimento de metas, como: vendas, produção de bens e materiais, serviços prestados etc.

A combinação dos modelos de salários citados anteriormente é denominada **salário-tarefa**, caracterizada pelo fato de o salário e a jornada de trabalho serem definidos pelas metas de produtividade.

1.3 Composição dos salários

Fatores internos e externos exercem influências diretas sobre os salários, podendo atuar sobre eles de forma harmônica ou independente. A complexidade das decisões acerca desses fatores podem determinar aumentos ou baixas salariais.

A composição dos salários representada pela Figura 1.1 demonstra de que maneira eles podem interagir sob os pontos de vista organizacional e ambiental.

Figura 1.1 – **Composição dos salários**

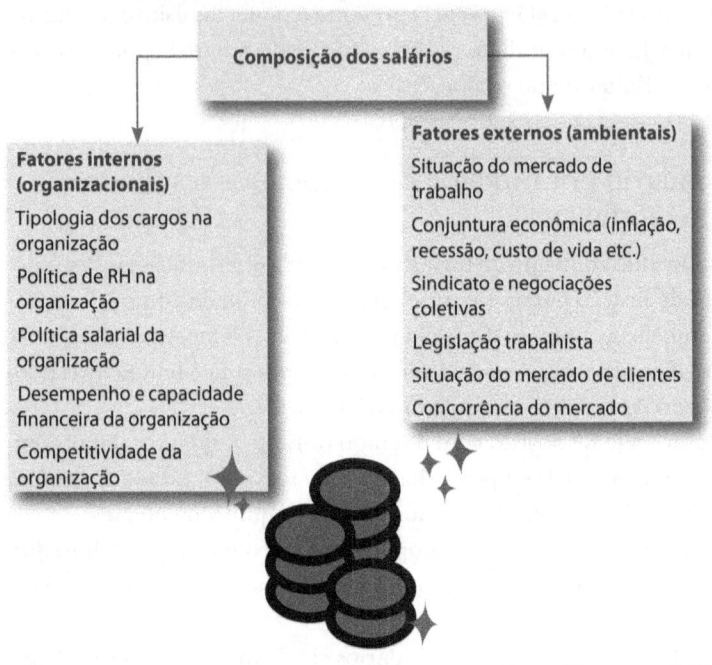

Composição dos salários

Fatores internos (organizacionais)
Tipologia dos cargos na organização
Política de RH na organização
Política salarial da organização
Desempenho e capacidade financeira da organização
Competitividade da organização

Fatores externos (ambientais)
Situação do mercado de trabalho
Conjuntura econômica (inflação, recessão, custo de vida etc.)
Sindicato e negociações coletivas
Legislação trabalhista
Situação do mercado de clientes
Concorrência do mercado

Fonte: Chiavenato, 2010, p. 283.

A interação entre os fatores internos e externos reflete a composição dos salários; para tanto, vale ressaltar a importância da atuação do profissional de recursos humanos nas decisões e avaliações desses fatores, ou seja, compreender globalmente as políticas da organização é fundamental para escolher qual será o melhor indicador de mercado a ser trabalhado.

1.4 Remuneração

Para Chiavenato (2010, p. 282), *remuneração* é "o processo que envolve todas as formas de pagamento ou de recompensas dadas aos funcionários decorrentes do seu emprego". Essa retribuição também pode ser definida como um processo de troca, no qual as expectativas de trabalho de uma organização são recompensadas por meio do trabalho desenvolvido por uma pessoa.

1.4.1 Desenho do sistema de remuneração

Manter salários competitivos e atrair pessoas capacitadas é o desejo de todas as organizações. No entanto, a construção de um plano de remuneração abrange uma variedade de políticas e procedimentos que devem ser considerados antes da sua implementação. O forte impacto que esse processo causa nas pessoas e na organização requer cuidados em sua elaboração.

O grande desafio do sistema de remuneração é alinhar os objetivos da organização ao ambiente externo que a envolve.

1.5 Remuneração total

A **remuneração total** consiste na soma do salário estipulado por meio de contrato, que pode ser mensal, por hora ou por tarefa, entre o empregado e o empregador. Outras vantagens, como horas extras, adicional noturno, adicionais de periculosidade e insalubridade, comissões, porcentagens, gratificações e diárias para viagem, entre outras, fazem parte da remuneração total.

1.5.1 Os três componentes da remuneração total

Na maioria das organizações, a **remuneração básica** é o principal componente da remuneração total. Ela abrange o pagamento fixo que o funcionário recebe regularmente, na forma de salário mensal ou salário por hora.

A Figura 1.2 mostra, de forma esquematizada, os três componentes da remuneração total.

Figura 1.2 – Os três componentes da remuneração total

Remuneração total

Remuneração básica
Salário mensal ou salário por hora

Incentivos salariais
Bônus
Participação nos resultados

Benefícios
Seguro de vida
Seguro saúde
Refeições subsidiadas

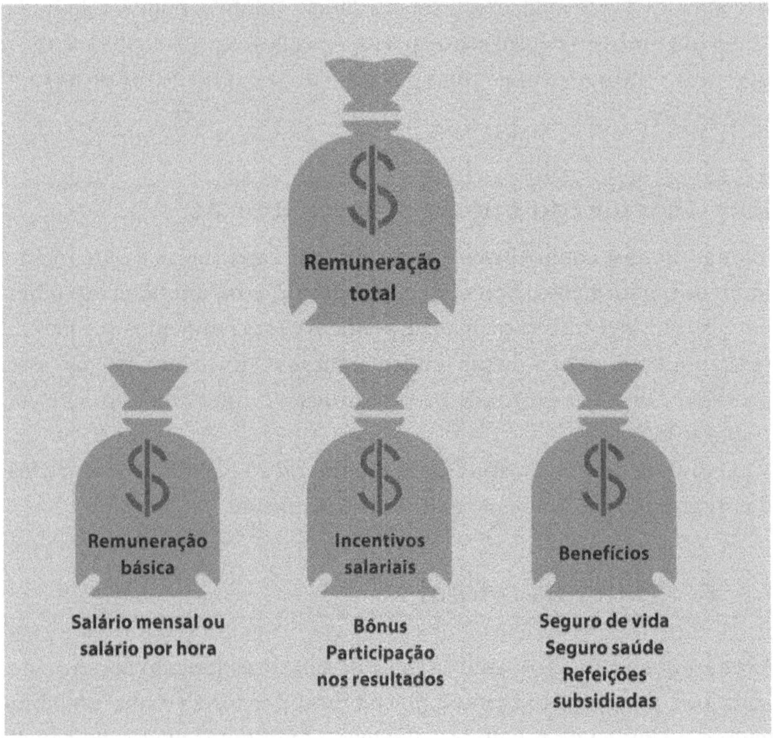

Fonte: Chiavenato, 2010, p. 279.

Os incentivos salariais, representados por bônus ou participação de resultado, funcionam como recompensas concedidas pela organização a funcionários que apresentam bom desempenho.

A concessão de benefícios, cujos programas utilizados pelas empresas serão vistos mais adiante, também faz parte da remuneração total.

1.6 Recompensas financeiras

Recompensas financeiras são reflexos do trabalho executado pelo empregado; dessa forma, podem ser classificadas como **diretas** e **indiretas**.

1.6.1 Recompensas financeiras diretas

Salário direto, prêmios e comissões são formas de recompensas financeiras diretas. O valor pago pelo empregador reflete a contraprestação de serviços do empregado, e este pode ser realizado por hora, por quinzena ou por mês.

1.6.2 Recompensas financeiras indiretas

Plano de benefícios, convenções coletivas e serviços sociais oferecidos pela empresa consistem em recompensas financeiras indiretas. O descanso semanal remunerado, as gratificações, os adicionais (por tempo de serviço, noturno, periculosidade, insalubridade), participação nos lucros, horas extras e férias são alguns exemplos de salário indireto, ou seja, incidem sobre o salário conforme a utilização.

A soma das recompensas financeiras diretas e indiretas constitui a **remuneração**, que, por sua vez, abrange todas as parcelas do salário direto e do salário indireto.

1.7 Critérios para a elaboração de um plano de remuneração

Para as organizações, alcançar os equilíbrios interno e externo tem sido um fator de preocupação na elaboração de planos de cargos e salários. Dessa forma, é necessário percorrer um caminho criterioso ao desenvolvê-los.

Os itens a seguir descrevem mais detalhadamente as formas de obtenção do desejado equilíbrio organizacional referente à administração de cargos e salários.

1.7.1 Equilíbrio interno

O **equilíbrio interno** é definido pela equidade salarial entre os cargos dentro de uma única organização. Esse equilíbrio é alcançado quando as diferenças salariais entre os cargos são proporcionais às exigências requeridas para a execução de tarefas diferentes entre os ocupantes. Dessa forma, as pessoas estão sempre comparando se sua entrega final equivale ao salário recebido, enquanto as empresas analisam se os colaboradores fazem jus ao que recebem.

Para Ruzzarin, Amaral e Simionovschi (2006, p. 30), "o equilíbrio interno é conseguido pela correta avaliação dos cargos [...] de forma a manter uma hierarquia. É muito importante, porque os funcionários comumente julgam a equidade de suas remunerações comparando-as com as dos demais empregados".

Alinhar o sistema de remuneração do pessoal aos objetivos estratégicos da empresa pode ser uma metodologia eficaz para atingir resultados e garantir o equilíbrio interno.

1.7.2 Equilíbrio externo

O **equilíbrio externo** ocorre por meio da equidade salarial em relação ao mercado de trabalho e ao segmento de atuação da organização. O alinhamento da realidade salarial interna deve ser compatível com as práticas do mercado, garantindo, assim, o equilíbrio e a harmonia dentro da organização.

O grande desafio das organizações consiste em balancear os dois tipos de equilíbrio, de modo que haja consistência na estrutura salarial.

Na Figura 1.3, a seguir, podemos visualizar como essa estrutura influencia os equilíbrios internos e externo da organização.

Figura 1.3 – **Estruturas salariais**

```
                    Estruturas salariais
                    ┌──────────┴──────────┐
              Equilíbrio interno     Equilíbrio externo
              ┌────────┴────────┐           │
        Avaliação de cargos  Classificação de cargos  Pesquisa salarial
```

Fonte: Adaptado de Marras, 2000; Chiavenato, 2010.

A avaliação e a classificação de cargos mencionadas no equilíbrio interno serão estudadas mais adiante, assim como a pesquisa salarial, mencionada no equilíbrio externo.

1.7.3 Remuneração fixa

Corresponde aos salários previamente definidos, pagos mensalmente ou por hora. Essa modalidade de remuneração é a mais utilizada, pois gera maior segurança, tanto para o colaborador quanto para a empresa.

1.7.4 Remuneração variável

É a modalidade de remuneração utilizada pelas empresas para cargos em níveis mais elevados, que apresentam alto grau de responsabilidade e desempenho voltado para resultados. São valores flexíveis pagos na forma de comissões de vendas, como no caso de vendedores.

1.7.5 Remuneração por desempenho

O grande objetivo da **remuneração por desempenho** consiste em pagar ao colaborador o equivalente à sua entrega final, ou seja, conforme o desempenho atingido em relação ao trabalho realizado.

Entre as práticas de remuneração mais utilizadas, podemos citar o pagamento de salário por produção (ganho baseado na produtividade, como o número de peças produzidas), comissões de vendas pelo atingimento de metas, bonificações por qualidade no atendimento etc. Além disso, é possível utilizar a metodologia de avaliação de desempenho, que pode ser mensurada mensal, semestral ou anualmente.

1.7.6 Remuneração por tempo de casa

É o adicional pago em função do período que o colaborador trabalha na empresa e pelo período que ele ocupa determinado cargo. Esse modelo pode oferecer progressão salarial quando ocorrem promoções internas.

1.7.7 Remuneração do cargo ou remuneração do ocupante

Esse método parte do pressuposto de que "a compensação pode focalizar como um cargo contribui para os valores da organização ou como os conhecimentos e as competências da pessoa contribuem para o trabalho ou para a organização" (Chiavenato, 2010, p. 285).

A remuneração do cargo considera as exigências que o profissional deve atender para que exerça determinada função, e o salário é estipulado de acordo com a realidade organizacional, levando em consideração a média de mercado. Nesse caso, são consideradas as exigências do cargo, não o desempenho da pessoa.

1.7.8 Tendências do sistema de remuneração

Há uma crescente busca por inovações nos sistemas tradicionais de remuneração e, uma vez que o cenário organizacional mundial vem se transformando continuamente, o foco da remuneração também está se alterando. Salários baseados em cargos ou em competências individuais são alguns dos dilemas que as empresas vêm enfrentando.

Muitas diferenças são observadas entre os dois métodos, e, em muitos casos, a remuneração por competências funciona como uma "mola propulsora" de produtividade e motivação dentro das organizações.

Síntese

O objetivo deste capítulo foi o de aproximar o leitor da realidade organizacional que envolve o sistema de remuneração na atualidade. Por meio de conceitos modernos e usuais, é possível compreender que a administração de cargos e salários não envolve simplesmente a organização de cargos em tabelas salariais, mas, também, a construção de um caminho sólido de conhecimento e entendimento teórico que serve como guia para a tomada de decisão diante das dificuldades decorrentes da implementação de um plano de cargos e salários.

Questões para revisão

1. Conceitue *salário* e descreva sua classificação.

2. Sobre a composição do salário, podemos afirmar que:

   a) é definido de acordo com o desempenho do profissional.
   b) é definido por meio de fatores internos (organizacionais) e externos (ambientais).
   c) são os tipos de salários pagos pela empresa.
   d) é composto pelo salário real e nominal.

3. Qual é o objetivo do desenho do sistema de remuneração?

4. Como são classificadas as recompensas financeiras? Descreva o funcionamento de cada uma delas.

5. Sobre a construção de um plano de remuneração, podemos destacar o(s) seguinte(s) critério(s):

   a) Remuneração fixa
   b) Composição do salário
   c) Equilíbrio interno e externo
   d) Recompensa financeira direta
   e) Salário nominal
   f) Remuneração por tempo de casa
   g) Tendências do sistema de remuneração
   h) Remuneração por desempenho

6. Cite as principais diferenças entre remuneração fixa e variável.

Questões para reflexão

1. Cite os tipos de remuneração praticados na empresa em que trabalha ou trabalhou e descreva de forma detalhada como eles funcionam.

2. Reflita sobre o modelo de remuneração da organização em que trabalha ou trabalhou e descreva como se sente em relação a ele.

3. Sobre as recompensas financeiras, descreva, com suas palavras, as mais comuns praticadas pela empresa em que você trabalha.

4. De que maneira salário está relacionado à motivação? Explique com suas palavras.

5. O que você entende por **remuneração por desempenho**?

Para saber mais

Indicamos os textos a seguir caso você queira aprofundar seus conhecimentos sobre as questões abordadas neste capítulo.

SALÁRIOS do setor financeiro: reais. **Exame.com**. Disponível em: <http://exame.abril.com.br/carreira/ferramentas/tabela-de-salarios-rh>. Acesso em: 14 fev. 2014.

    Esse *link* da *Revista Exame* possibilita a visualização de valores salariais de várias áreas.

EXAME.COM. Você RH. Disponível em: <http://exame.abril.com.br/revista-voce-rh>. Acesso em: 14 fev. 2014.

    Esse *link* dispõe de periódicos publicados na revista *VocêS/A RH*, com conteúdos sobre carreira, remuneração, desempenho, currículo, cursos e leis trabalhistas, entre outros temas.

EXAME.COM. VocêS/A. Disponível em: <http://exame.abril.com.br/revista-voce-sa>. Acesso em: 14 fev. 2014.

    Esse *link* oferece acesso ao conteúdo da revista *VocêS/A* sobre as melhores empresas para se trabalhar e sobre as melhores empresas para iniciar a carreira.

EXAME.COM. Vídeos. Disponível em: <http://exame.abril.com.br/videos>. Acesso em: 14 fev. 2014.

    Esse *link* oferece acesso a vídeos diversos referentes a remuneração, motivação, carreira, entre outros temas.

2 Introdução à análise de cargos

Conteúdos do capítulo:

- Conceitos de **análise de cargos**.
- Etapas do processo de análise de cargos.
- Definições dos principais termos empregados na análise de cargos.
- Titulações de cargos segundo a Classificação Brasileira de Ocupações (CBO).
- Classificação de cargos conforme os grupos ocupacionais.
- Fatores de especificação na análise de cargos.
- Fases ou etapas da análise de cargos.

Após o estudo deste capítulo, você será capaz de:

1. compreender o conceito de **análise de cargos**;
2. descrever as etapas do processo de análise de cargos;
3. compreender as principais definições dos termos empregados na análise de cargos;
4. compreender a importância da utilização da CBO;
5. compreender os fatores de especificações na análise de cargos;
6. definir fases ou etapas da análise de cargos.

Este capítulo abordará as quatro grandes áreas de especificação utilizadas na análise cargos e também apresentará algumas definições cujo conhecimento é necessário para esse estudo.

A eficiência de um sistema de avaliação de cargos está calcada no correto desenvolvimento de descrição e especificação de cargos. A coerência salarial é obtida por meio de dados de comparação entre cada cargo, podendo ser complementada por outros procedimentos, como pesquisas de mercado e sindicato.

Esse processo leva em conta a natureza e o conteúdo do cargo propriamente dito, e não as características do ocupante. As comparações podem ser realizadas considerando-se os cargos entre si, entre outros critérios que serão discutidos mais adiante.

No decorrer deste capítulo, veremos alguns termos técnicos utilizados na maioria das empresas; entretanto, como não há uma padronização conceitual, é possível que os termos mudem de uma organização para outra.

Veremos também as etapas do processo de análise de cargos e a importância da Classificação Brasileira de Ocupações (CBO) no dia a dia como auxílio no processo de descrição e especificação de cargos.

Abordaremos de maneira aprofundada os fatores de especificação na análise de cargos e suas quatro grandes áreas: mental, de responsabilidade, física e de condições de trabalho, além das fases ou etapas da análise de cargos.

2.1 Conceitos da análise de cargos

Segundo Chiavenato (2010, p. 218), "analisar um cargo significa detalhar o que o cargo exige do seu ocupante em termos de conhecimentos, habilidade e capacidades para que possa desempenhá-lo adequadamente".

Assim, a análise de cargos procura determinar quais são os requisitos físicos e mentais que o ocupante de dado cargo deve ter, além das responsabilidades que a função exige e das condições em que o trabalho deve ser realizado.

2.2 Processo de análise de cargos

Os passos ou etapas envolvidos no processo de análise de cargos levam em conta o fato de que as empresas estão em constante processo de mudanças. Para tanto, é necessário que os cargos sejam redefinidos, reescritos e realinhados constantemente para acompanhar as mudanças organizacionais.

Os seis passos do processo de análise de cargos são representados na Figura 2.1, a seguir:

Figura 2.1 – **Processo de análise de cargos: os seis passos**

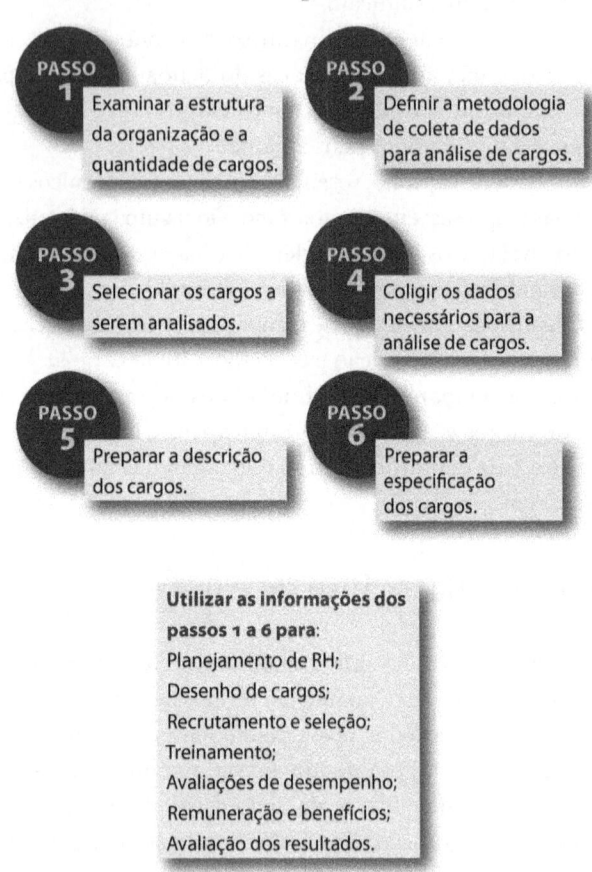

- **PASSO 1**: Examinar a estrutura da organização e a quantidade de cargos.
- **PASSO 2**: Definir a metodologia de coleta de dados para análise de cargos.
- **PASSO 3**: Selecionar os cargos a serem analisados.
- **PASSO 4**: Coligir os dados necessários para a análise de cargos.
- **PASSO 5**: Preparar a descrição dos cargos.
- **PASSO 6**: Preparar a especificação dos cargos.

Utilizar as informações dos passos 1 a 6 para:
Planejamento de RH;
Desenho de cargos;
Recrutamento e seleção;
Treinamento;
Avaliações de desempenho;
Remuneração e benefícios;
Avaliação dos resultados.

Fonte: Adaptado de Chiavenato, 2010, p. 223.

Segundo Chiavenato (2010, p. 223), o processo de análise de cargos é composto por seis passos e, para que cada um deles seja concluído com sucesso, é de suma importância que a área de recursos humanos se faça presente durante todo o processo de implementação, uma vez que os profissionais desse setor têm visão e informação da totalidade da empresa.

2.3 Definições dos principais termos empregados na análise de cargos

Ao longo do processo de análise de cargos são empregados alguns termos técnicos que serão conceituados nos tópicos que seguem.

2.3.1 Tarefa

Para Zimpeck (1992, p. 40), a tarefa "existe como um conjunto de elementos que requer o esforço humano para determinado fim. Quando tarefas suficientes se acumulam para justificar o emprego de um trabalhador, surge a função".

Arquivar documentos, retirar o lixo, atender ao telefone e realizar a manutenção de equipamentos são alguns exemplos de atividades executadas por um indivíduo, ou seja, atividades específicas e, portanto, tarefas.

2.3.2 Função

A função é o "conjunto de atividades que cada indivíduo executa na instituição. A função é singular, ou seja, existe uma função para cada pessoa na empresa" (Carvalho; Nascimento; Serafim, 2011, p. 38).

Para Zimpeck (1992, p. 40), "função é um agregado de deveres, tarefas e responsabilidades que requerem os serviços de um indivíduo. Deste ponto de vista, pode-se inferir que, numa organização, existem tantas funções quanto empregados".

A função é composta pelo acúmulo de várias tarefas, como fazer a manutenção de um equipamento: retirar as peças, limpar, soldar, colar, recolocar, testar, preencher o boletim de manutenção, limpar a parte exterior e catalogar.

2.3.3 Cargo

Quando há um conjunto de funções similares, forma-se o **cargo**, que é entendido como "um grupo de funções idênticas na maioria ou em todos os aspectos mais importantes das tarefas que as compõem" (Zimpeck, 1992, p. 40).

Para Lacombe (2004, citado por Motta, 2012, p. 33), cargo é um "conjunto de atribuições profissionais de natureza e requisitos semelhantes, e que têm responsabilidades específicas a serem praticadas pelo seu ocupante".

Chiavenato (2010, p. 199) afirma que cargo é a "composição de todas as atividades desempenhadas por uma pessoa [...] e que figura em certa posição formal do organograma da empresa". Assim, vemos que os cargos são intencionalmente desenhados, projetados, delineados, definidos e estabelecidos dentro de uma linha de raciocínio: a busca da organização pela eficiência.

O cargo também pode ser entendido como "um conjunto de funções assemelhadas e/ou complementares, executadas por um ou mais indivíduos na instituição. O cargo é plural, ou seja, para cada um pode haver uma ou várias pessoas numa mesma empresa" (Carvalho; Nascimento, 1999, citados por Oliveira; Pacheco, 2013, p. 7).

De forma geral, considerando os conceitos expostos, o cargo é formado por um conjunto de funções semelhantes, mas com algumas características diferentes entre elas. Por exemplo: auxiliar administrativo nível I e auxiliar administrativo nível II, que apresentam funções semelhantes, mas diferem em uma ou outra tarefa específica que justifique a evolução do cargo de nível I para nível II.

2.3.4 Análise de cargo

No início deste capítulo, apresentamos alguns conceitos relativos à análise de cargos, entretanto, cabe retomá-los em função da terminologia técnica que será usada no decorrer dos próximos capítulos.

Para Pontes (2006, p. 46), a **análise do cargo** é "o estudo que se faz para coligir informações sobre as tarefas componentes do cargo e as especificações exigidas do seu ocupante. Da análise, resulta a descrição e a especificação do cargo".

Em suma, a análise de cargo consiste no detalhamento dos requisitos que o ocupante deverá apresentar para que possa desempenhar seu trabalho. Tais requisitos são avaliados em termos de conhecimento (saber teórico – grau de instrução, idiomas, cursos etc.) e habilidades (saber fazer – experiência – prática do saber).

2.3.5 Descrição de cargo

A descrição do cargo é "o relato das tarefas descritas de forma organizada" (Pontes, 2006, p. 47). É também o "registro de funções, tarefas e responsabilidades, de forma organizada e atribuídas a uma ou mais pessoas" (Carvalho, 1999, citado por Camfield et al., 2010, p. 7).

Realizada de forma organizada, a descrição dos cargos elenca cada tarefa a ser executada pelo ocupante, como retirar o lixo, limpar a mesa, retirar o pó dos equipamentos, encerar o piso, limpar os vidros etc. É importante ressaltar que a descrição é realizada de forma genérica, podendo incluir até mesmo a periodicidade de algumas funções. Em relação ao ocupante, apenas alguns requisitos, como formação profissional e experiência, são apresentados.

2.3.6 Especificação do cargo

A especificação do cargo é "o relato dos requisitos, responsabilidade e incômodos impostos ao ocupante do cargo" (Pontes, 2002, p. 42). Ao descrever as especificações de um cargo, devemos fazê-lo de maneira clara e objetiva, relatando os requisitos, as responsabilidades e os esforços inerentes ao ocupante. O exemplo a seguir considera o cargo de auxiliar de depósito e, em suas especificações em relação ao fator *esforço físico*, podem constar (entre outras): "O ocupante do cargo executará suas atividades em pé e em movimento a maior parte do tempo e realizará esforço físico no decorrer do dia ao carregar pesos. Isso acarretará fadiga ao fim do expediente".

2.3.7 Desenho de cargo

Segundo Chiavenato (2010, p. 200-201), o **desenho de cargos** "envolve a especificação do conteúdo de cada cargo, dos métodos de trabalho e das relações com os demais cargos. [...] O desenho de cargos constitui a maneira como cada cargo é estruturado e dimensionado".

O desenho do cargo pode ser definido por quatro condições básicas (Chiavenato, 2010, p. 201-202):

1. O conjunto de tarefas ou atribuições que o ocupante deve desempenhar (qual é o conteúdo do cargo).
2. Como as tarefas ou atribuições devem ser desempenhadas (quais são os métodos e processos de trabalho).
3. A quem o ocupante deve se reportar (responsabilidade), isto é, quem é seu superior imediato.
4. Quem deve ser supervisionado ou dirigido pelo ocupante do cargo (autoridade), isto é, quem são seus subordinados ou os profissionais que dele dependem para trabalhar.

As condições definidas por Chiavenato são relevantes ao desenho de cargos, pois, a partir do momento que um cargo sofre alterações em suas tarefas e avolumam as atribuições, surge, automaticamente, a necessidade de revisão da estrutura e da dimensão do cargo.

2.3.8 Grupo ocupacional

Grupo ocupacional é "o conjunto de cargos que se assemelham quanto à natureza do trabalho" (Pontes, 2006, p. 47).

Os grupos ocupacionais devem ser bem definidos, pois sua classificação varia de um grupo para outro em relação à natureza das atividades, ou seja, os planos salariais são distintos entre um grupo e outro, portanto, quanto mais grupos a empresa tiver, mais planos serão desenvolvidos.

2.4 Titulação dos cargos de acordo com a Classificação Brasileira de Ocupações (CBO)

A CBO surgiu com o intuito de normatizar e facilitar o processo de titulação dos cargos dentro das empresas, nomeando de forma organizada, simples e universal, o título do cargo e suas respectivas atribuições. Como estabelece o Ministério do Trabalho e Emprego (MTE):

> A CBO é o documento que reconhece, nomeia e codifica os títulos e descreve as características das ocupações do mercado de trabalho brasileiro. Sua atualização e modernização se devem às profundas mudanças ocorridas no cenário cultural, econômico e social do país nos últimos anos, implicando alterações estruturais no mercado de trabalho. (Brasil, 2013a)

Criada no ano de 1977, a CBO é o "resultado do convênio firmado entre o Brasil e a Organização das Nações Unidas (ONU), por intermédio da Organização Internacional do Trabalho (OIT) [...] a CBO vem sofrendo alterações pontuais, sem modificações estruturais e metodológicas" (Brasil, 2013b). Cabe ao MTE a responsabilidade pela elaboração e atualização da CBO, pois essa regulamentação é uma referência obrigatória dos registros administrativos que informam os diversos programas da política de trabalho em nosso país.

As alterações mais atuais foram realizadas no ano de 2002, e a nova versão incorpora as ocupações do mercado brasileiro organizadas e descritas por **famílias ocupacionais**. Cada família constitui um conjunto de ocupações similares, correspondente a um domínio de trabalho mais amplo que o da ocupação.

Uma das grandes novidades desse documento é o método utilizado no processo de descrição, que pressupõe o desenvolvimento do trabalho por meio de **comitês de profissionais** que atuam nas famílias ocupacionais, partindo-se da premissa de que a melhor descrição é aquela realizada por quem exerce efetivamente cada ocupação.

A nova CBO tem uma importante dimensão estratégica, na medida em que, com a padronização de códigos e descrições, estes podem ser utilizados pelos mais diversos atores sociais do mercado de trabalho. Também tem relevância para a integração das políticas públicas do MTE, sobretudo no que concerne aos programas de qualificação profissional e à intermediação de mão de obra, bem como ao controle de sua implementação.

2.4.1 Estrutura da CBO 2002

A estrutura da CBO está organizada em um grande grupo, um subgrupo principal, um subgrupo e uma família.

O **grande grupo** é a categoria que reúne amplamente as áreas de emprego. O **subgrupo principal** representa o agrupamento mais estreito. O **subgrupo**, também chamado *grupo primário*, reúne ocupações semelhantes em relação à natureza do trabalho ou aos níveis de qualificação exigidos. Por fim, a **família** é a unidade do sistema de classificação, ou seja, o conjunto de postos de trabalho iguais quanto à natureza e às qualificações exigidas.

2.4.2 Utilização da CBO

As atualizações realizadas na CBO vão além da importância das categorias profissionais. Os dados coletados servem como ferramentas importantes para:

- a fiscalização do trabalho, realizada pelo MTE;
- a Relação Anual de Informações Sociais (Rais);
- o preenchimento da carteira de trabalho e imigração;
- o controle da Previdência Social pelo Cadastro Nacional de Informações Sociais (CNIS);
- o controle do Instituto Brasileiro de Geografia e Estatística (IBGE), por meio de pesquisas, tais como o Censo Populacional, a Pesquisa Nacional de Amostra por Domicílios (PNAD) e a Pesquisa Mensal de Emprego (PME);
- a aprendizagem e a qualificação profissionais;
- o controle da Receita Federal pelo Imposto de Renda;
- o controle do Ministério da Saúde (MS) pelos índices de mortalidade profissional e pela incidência de doenças relacionadas à ocupação, e pela Rede Interagencial de Informações para a Saúde (Ripsa);

- o Cadastro Geral de Empregados e Desempregados (Caged);
- o seguro-desemprego, do MET.

2.4.3 Aspectos legais da CBO

A elaboração da CBO tem base legal na Portaria n. 3.654, de 24 de novembro de 1977 (Brasil, 1977), na Portaria n. 1.334, de 21 de dezembro de 1994 (Brasil, 1994c) e na Portaria MTE n. 397 — CBO/2002 (Brasil, 2002). Para um melhor entendimento a respeito de seus aspectos legais e da abrangência acerca das regulamentações de profissões e das mudanças nas atividades existentes no mercado nacional, transcrevemos a seguir a Portaria MTE n. 397, na íntegra.

Portaria MTE n. 397, de 9 de outubro de 2002

Aprova a Classificação Brasileira de Ocupações (CBO/2002), para uso em todo território nacional e autoriza a sua publicação.

O Ministro de Estado do Trabalho e Emprego, no uso da atribuição que lhe confere o inciso II do parágrafo único do artigo 87 da Constituição Federal, resolve:

Art. 1º Aprovar a Classificação Brasileira de Ocupações (CBO), versão 2002, para uso em todo o território nacional.

Art. 2º Determinar que os títulos e códigos constantes na Classificação Brasileira de Ocupações (CBO/2002) sejam adotados:

I – nas atividades de registro, inscrição, colocação e outras desenvolvidas pelo Sistema Nacional de Emprego (SINE);

II – na Relação Anual de Informações Sociais (RAIS);

III – nas relações dos empregados admitidos e desligados (Caged), de que trata a Lei n. 4.923, de 23 de dezembro de 1965;

IV – na autorização de trabalho para mão de obra estrangeira;

V – no preenchimento do comunicado de dispensa para requerimento do benefício seguro-desemprego (CD);

VI – no preenchimento da Carteira de Trabalho e Previdência Social (CTPS) no campo relativo ao contrato de trabalho;

VII – nas atividades e programas do Ministério do Trabalho e Emprego, quando for o caso.

> Art. 3º O Departamento de Emprego e Salário (DES) da Secretaria de Políticas Públicas de Emprego deste Ministério baixará as normas necessárias à regulamentação da utilização da Classificação Brasileira de Ocupações (CBO).
> Parágrafo único. Caberá à Coordenação de Identificação e Registro Profissional, por intermédio da Divisão da Classificação Brasileira de Ocupações, atualizar a Classificação Brasileira de Ocupações (CBO), procedendo às revisões técnicas necessárias com base na experiência de seu uso.
> Art. 4º Os efeitos de uniformização pretendida pela Classificação Brasileira de Ocupações (CBO) são de ordem administrativa e não se estendem às relações de emprego, não havendo obrigações decorrentes da mudança da nomenclatura do cargo exercido pelo empregado.
> Art. 5º Autorizar a publicação da Classificação Brasileira de Ocupações (CBO), determinando que o uso da nova nomenclatura nos documentos oficiais a que aludem os itens I, II, III e V, do artigo 2º, será obrigatória a partir de janeiro de 2003.
> Art. 6º Fica revogada a Portaria n. 1.334, de 21 de dezembro de 1994.
> Art. 7º Esta Portaria entra em vigor na data de sua publicação.
> Paulo Jobim Filho
> Ministro de Estado do Trabalho e Emprego

Fonte: Brasil, 2002.

A CBO desenvolve um papel importante no processo de administração de cargos e salários na medida em que reflete a realidade das ocupações brasileiras. Sua utilização serve de apoio na condução do plano a ser implementado.

2.4.4 Norma regulamentadora: profissões

No que tange aos aspectos citados sobre a CBO, existe uma norma regulamentadora para cada profissão, conforme os exemplos a seguir.

Administrador

As normas que regulamentam a profissão de administrador são as seguintes:

* Lei n. 4.769[1], de 9 de setembro de 1965 (Brasil, 1965) – dispõe sobre o exercício da profissão de técnico de administração e dá outras providências.

---

1 A Lei n. 4.769/1965 (Brasil, 1965) foi alterada pelas Leis n. 6.642/1979 (Brasil, 1979) e n. 8.873/1994 (Brasil, 1994a).

- Decreto n. 61.934, de 22 de dezembro de 1967 (Brasil, 1967) – dispõe sobre a regulamentação do exercício da profissão de técnico de administração e a constituição do Conselho Federal e Regional de Técnicos de Administração, de acordo com a Lei n. 4.769/1965, e dá outras providências.
- Lei n. 7.321, de 13 de junho de 1985 (Brasil, 1985) – altera a denominação do Conselho Federal e dos Conselhos Regionais de Técnicos de Administração e dá outras providências.

Advogado

A norma regulamentadora da profissão de advogado é a Lei n. 8.906, de 4 de julho de 1994 (Brasil, 1994b), que dispõe sobre o estatuto da advocacia e a Ordem dos Advogados do Brasil (OAB).

Assistente social

A norma regulamentadora dos assistentes sociais é a Lei n. 8.662, de 7 de junho de 1993 (Brasil, 1993), que dispõe sobre a profissão e dá outras providências.

Atleta de futebol

A norma regulamentadora dos atletas de futebol é a Lei n. 6.354, de 2 de setembro de 1976 (Brasil, 1976).

2.5 Classificação de cargos conforme os grupos ocupacionais

A classificação de cargos conforme os grupos ocupacionais consiste em separar as descrições de cargos que se assemelham quanto à natureza do trabalho: gerenciais, funções de nível superior, técnicos, administrativos, operacionais etc. Essa classificação se faz necessária, uma vez que as demais fases de elaboração do plano de cargos e salários diferenciam-se para cada grupo ocupacional.

O modelo de descrição de cargo representado pela Figura 2.2 tem como objetivo demonstrar de forma prática sua elaboração por meio dos conceitos da CBO vistos anteriormente:

Figura 2.2 – **Exemplo de descrição de cargo – CBO**

Descrição de cargo	Código CBO
1. Identificação	0.33.15
Título do cargo: auxiliar de engenharia	Supervisão direta: PQ200
Assistente técnico de engenharia	Referência do cargo: II, III, IV
2. Atividades	
1. Realizar atividades de apoio à engenharia, relativas a processamento de dados e aplicação de modelos de simulação de vazões, utilizando computadores (micro e grande porte).	
2. Participar da elaboração de orçamentos diversos da área.	
3. Elaborar desenhos na área de construção, operação, manutenção elétrica e mecânica, eletrônica, sistemas de subestações e linhas de transmissão.	
4. Organizar e manter arquivos técnicos.	
5. Desenvolver atividades auxiliares junto às equipes de projetos nas áreas de construção civil.	
6. Executar montagens, ampliação e redução de desenhos técnicos.	
7. Prestar apoio na elaboração e controle de cronogramas de obras civis e montagens eletromecânicas.	
8. Executar outras atividades correlatas à função.	

No primeiro quadro (**Descrição de cargo**), consta a referência utilizada pela CBO. Referências desse tipo são utilizadas para exemplificar a descrição e constam em qualquer cargo pesquisado no portal do Ministério do Trabalho e Emprego. O segundo quadro (**Atividades**) é composto pela descrição das atividades inerentes ao cargo ocupado.

2.5.1 Grupos ocupacionais

Grupo ocupacional "é o conjunto de cargos que se assemelham quanto à natureza do trabalho" (Pontes, 2013, p. 45).

A seguir, exemplificaremos alguns grupos ocupacionais para apresentar a questão de cargos semelhantes entre si.

Grupo ocupacional operacional

A execução do trabalhos é de natureza operacional. Segundo Marras (2000), Pontes (2013) e Zimpeck (1992), o grupo ocupacional operacional é composto pelas seguintes profissões: carpinteiro, coveiro, digitador, eletricista, jardineiro, marceneiro, mecânico, coletor de lixo, fiscal de serviços, vigia, operador de máquinas leves, operador de máquinas pesadas, pedreiro, pintor, eletricista, serralheiro, servente de pedreiro, telefonista e tratorista.

Grupo ocupacional administrativo

Grupo que executa trabalhos de natureza administrativa, por exemplo: supervisor administrativo, analista de pessoal, analista de sistemas, urbanista, arquivista, recepcionista, auxiliar administrativo.

Grupo ocupacional de técnicos de nível médio

Trabalhadores que realizam atividades de natureza técnica, como: desenhista, laboratorista, inspetor, supervisor, técnico agrícola, técnico de edificações, técnico administrativo, técnico de laboratório, técnico de manutenção elétrica, técnico de manutenção eletrônica, técnico de manutenção mecânica, técnico de manutenção de telecomunicações, técnico de operação e técnico de segurança do trabalho.

Grupo ocupacional de nível superior

Esse grupo ocupacional é composto por profissões de nível de ensino superior, ou seja, graduação (faculdade) e pós-graduações *stricto* e *lato sensu*. São elas: administrador, economista, advogado, psicólogo, assistente social, bibliotecário, cirurgião dentista, desenhista, engenheiro, fisioterapeuta, médico veterinário e nutricionista.

Grupo **ocupacional gerencial**
O grupo ocupacional gerencial abrange os cargos de gerentes, diretores etc.

2.6 Fatores de especificações na análise de cargos

Para Chiavenato (2010, p. 218), "analisar um cargo significa detalhar o que o cargo exige do seu ocupante em termos de conhecimentos, habilidades e capacidades para que possa desempenhá-lo adequadamente".

Dessa forma, a análise de cargos funciona como uma análise comparativa sobre quais exigências (requisitos) o cargo impõe à pessoa que o ocupa, sob o ponto de vista das quatro áreas de especificação: mental, físico, de responsabilidades e de condições de trabalho.

Cada área de especificação é subdividida em fatores que servem para mensurar isoladamente as diferenças entre os cargos, como mostra a Figura 2.3.

Figura 2.3 – **Fatores de especificações na análise de cargos**

Fatores de especificações

- **Requisitos mentais**
  Instrução necessária;
  Experiência anterior;
  Iniciativa;
  Aptidões.

- **Requisitos físicos**
  Esforço físico;
  Concentração visual/mental;
  Destrezas ou habilidades;
  Compleição física.

- **Responsabilidade**
  Supervisão de pessoas;
  Material, equipamento, ferramentas;
  Dinheiro, títulos ou documentos;
  Contratos internos ou externos.

- **Condições de trabalho**
  Ambiente físico de trabalho;
  Riscos de acidentes.

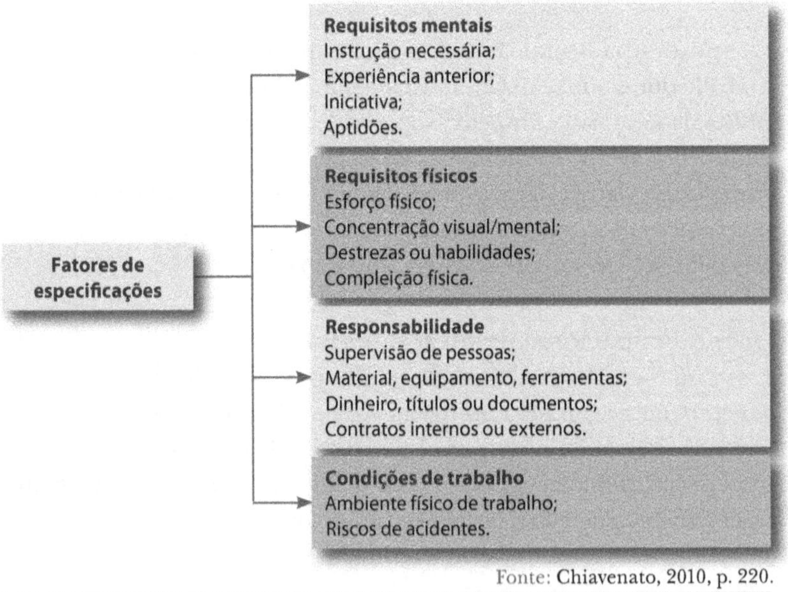

Fonte: Chiavenato, 2010, p. 220.

Ao iniciar o processo de especificação de cargos, os quatro fatores são mensurados individualmente na elaboração dos requisitos de que o ocupante precisa para executar as funções descritas para o cargo. Esse processo exige conhecimento e atenção dos envolvidos em sua elaboração. Para exemplificar, faremos a mensuração dos quatro fatores aplicados a um cargo do grupo ocupacional administrativo.

Grupo ocupacional administrativo – cargo: assistente administrativo

Fator 1: Área mental
Engloba a descrição de todos os requisitos necessários para que o ocupante execute as tarefas, como a experiência, o grau de instrução, o nível de iniciativa, as habilidades etc.

Fator 2: Área de responsabilidades
Descrevem-se todos os requisitos necessários para o ocupante executar tarefas com grau de responsabilidade, tais como: responsabilidade por erros cometidos, por materiais, por numerários, por dados confidenciais, por equipamentos etc.

Fator 3: Área física
Envolve a descrição dos requisitos necessários para o trabalhador executar as tarefas que o desgastem fisicamente, como: esforço físico, concentração mental, concentração visual, trabalho repetitivo etc.

Fator 4: Área de condição de trabalho
Descrição dos requisitos necessários para a execução das tarefas em relação ao ambiente de trabalho, tais como: contato com produtos químicos, ambiente barulhento etc.

2.6.1 Cargos por grupos funcionais

Os fatores de análise são, geralmente, diferentes em cada grupo funcional (Pontes, 2002).

O Quadro 2.1 exemplifica os fatores de avaliação de cargos citados anteriormente, dentro de cada especificação e dos níveis dos grupos funcionais. Por exemplo: operacional, administrativo, técnico de nível médio, profissionais de nível superior e nível gerencial.

Quadro 2.1 – **Cargos por grupos funcionais**

Fatores		Operacional	Administrativo	Técnicos de nível médio	Profissionais de nível superior	Gerencial
Mental	Traços mentais (inerentes) como inteligência, memória, raciocínio, expressão verbal, relacionamento interpessoal e criatividade.	S	S	S	S	S
	Educação geral (adquirida) como gramática, aritmética, informação geral.	S	S	S	S	S
	Conhecimento especializado (adquirido), como química, engenharia etc.	N	S	S	S	S
Física	Esforço físico repetitivo e contínuo como andar, carregar, escrever etc.	S	N	N	N	N
	Condições físicas: idade, sexo, altura, peso, força e capacidade visual.	S	S	S	S	S
	Concentração mental e visual.	S	S	S	S	S
Habilidade	Coordenação muscular (adquirida), como movimentos repetitivos, habilidade manual na operação de máquinas, montagem etc.	S	N	N	N	N
	Conhecimento específico (adquirido) do trabalho necessário para a coordenação muscular apenas, adquirido pelo desempenho e pela experiência no trabalho (não relacionar a educação geral ou conhecimento especializado).	N	S	S	S	S

(continua)

(Quadro 2.1 – conclusão)

Fatores		Operacional	Administrativo	Técnicos de nível médio	Profissionais de nível superior	Gerencial
Responsabilidade	Por matérias-primas, materiais, máquinas e equipamentos.	N	N	N	N	N
	Por dinheiro ou papéis de valor.	N	N	S	S	S
	Por lucros ou perdas, economias ou métodos de melhoria.	N	S	S	S	S
	Por contato com o público.	S	S	S	S	S
	Por registros.	N	S	S	S	S
	Por supervisão: Complexidade da supervisão dada e número de subordinados (planejar, dirigir, coordenar, instruir, controlar e aprovar são tipos de supervisão).	N	N	N	S	S
	Grau de supervisão recebida.					
Condições de trabalho	Influências ambientais: atmosfera, ventilação, iluminação, barulho etc.	S	N	N	N	N
	Riscos do trabalho ou do ambiente.	S	N	N	N	N

Fonte: Adaptado de Chiavenato, 2010; Pontes, 2006.

No quadro anteriormente apresentado foram utilizadas as letras "S" e "N", que correspondem respectivamente a *sim* e *não*, em relação ao que é ou não exigido para cada grupo funcional, ou seja, um fator x pode ser importante para um dos grupos ocupacionais, enquanto pode ser irrelevante para outro grupo.

2.7 Fases ou etapas da análise de cargos

A análise de cargos é um processo trabalhoso, demorado e que exige muita concentração e responsabilidade. Dessa forma, partimos do princípio de que alguns passos devem ser descritos antes de se iniciar o processo de análise: coleta de dados e a descrição e especificação de cargos. Essas duas etapas são muito importantes e devem ser sequenciadas. O catálogo de cargos, resultado das fases, servirá como subsídio para a área de recursos humanos, facilitando uma série de trabalhos, como os processos de recrutamento e seleção.

Nos dois tópicos seguintes, explicamos cada fase que compõe o processo de análise de cargos.

Fase 1: Coleta de dados

Coleta de dados é uma metodologia utilizada para o levantamento de dados importantes para o processo de análise de cargos. A escolha das técnicas a serem utilizadas na coleta de dados será explicada no próximo capítulo.

Após a escolha da técnica mais adequada, a coleta de dados se inicia em campo, ou seja, no local de trabalho.

A escolha da técnica a ser utilizada para coleta de dados, bem como sua aplicação, fica a critério da pessoa responsável pela condução do processo.

Fase 2: Descrição e especificação de cargos

Como vimos anteriormente, a descrição e especificação de cargos refere-se ao mapeamento de tarefas e funções executadas dentro de uma organização:

- Agrupamento de funções: atividades que cada indivíduo executa da mesma natureza e de especificações semelhantes.
- Redação das descrições.

- Redação das especificações: em relação às quatro áreas/fatores estudados neste capítulo.
- Classificação por grupos ocupacionais, estudados anteriormente neste capítulo.
- Catálogo de cargos: etapa final da análise de cargos, consiste na unificação dos dados coletados.

De posse do catálogo de cargos, processo final das etapas citadas anteriormente, a área de recursos humanos pode contar com esse documento para desenvolver outros projetos dentro da empresa.

Síntese

O objetivo deste capítulo foi o de esclarecer conceitos aplicados à administração de cargos e salários e, ao mesmo tempo, despertar em você o interesse pela continuidade de implementação do plano. Alguns termos técnicos utilizados no decorrer desta obra foram explicados neste capítulo para que haja compreensão de sua aplicabilidade no desenvolvimento do tema proposto.

As quatro áreas e fatores abordados são, sem dúvida, conceitos importantes no processo de construção das etapas aqui pontuadas. Cada item desenvolvido visou melhorar sua compreensão em relação ao mercado de trabalho nos dias atuais.

Questões para revisão

1. Qual é a importância da participação da área de RH no processo de análise de cargos? Cite os seis passos.

2. Explique a diferença entre *tarefa* e *função*.

3. "Separar as descrições de cargos que se assemelham quanto à natureza do trabalho" é característica da:
   a) especificação de cargos.
   b) titulação de cargos segundo a Classificação Brasileira de Ocupações.
   c) classificação de cargos conforme os grupos ocupacionais.
   d) coleta de dados.

4. Fazem parte do grupo ocupacional operacional:
   ( ) Advogado
   ( ) Pedreiro
   ( ) Engenheiro
   ( ) Mecânico
   ( ) Jardineiro
   ( ) Urbanista
   ( ) Fisioterapeuta
   ( ) Psicólogo
   ( ) Vigia
   ( ) Economista
   ( ) Pintor
   ( ) Supervisor
   ( ) Operador de máquinas leves
   ( ) Eletricista

5. Sobre *requisitos mentais*, é correto afirmar que:

   a) fazem parte do grupo ocupacional administrativo.
   b) fazem parte das etapas da análise de cargos.
   c) fazem parte dos fatores de especificação na análise de cargos.
   d) fazem parte da característica da utilização da Classificação Brasileira de Ocupações.

Questões para reflexão

1. Explique com suas palavras a necessidade da divisão dos cargos em grupos ocupacionais para efetuar análise e a especificação.

2. Quais são os grupos ocupacionais existentes que você consegue identificar na empresa onde trabalha ou trabalhou? Em qual grupo seu cargo está, ou estava, inserido?

3. Sobre a Classificação Brasileira de Ocupações, explique, com suas palavras, de que forma ela pode contribuir para o processo de análise de cargos.

Para saber mais

Para aprofundar-se nas questões aqui abordadas, sugerimos que você visite o seguinte *site*:

BRASIL. Ministério do Trabalho e Emprego. Disponível em: <http://www.mtecbo.gov.br/cbosite/pages/home.jsf>.

Ao lado esquerdo da tela, o *site* dispõe de *downloads* de arquivos referentes à estrutura e listagem de títulos e de livros com os códigos, títulos e descrições da CBO.

3 Coleta de dados

Conteúdos do capítulo:

- Métodos de coleta de dados.
- Modelos de questionários para levantamento de funções.
- Método da entrevista direta.
- Questões abordadas em uma entrevista sobre cargos.
- Métodos mistos ou combinados.

Após o estudo deste capítulo, você será capaz de:

1. compreender os métodos de coleta de dados;
2. desenvolver modelos de questionários;
3. elaborar questões para conduzir uma entrevista direta;
4. esboçar questões a serem abordadas em entrevista sobre cargos;
5. utilizar métodos mistos ou combinados.

A coleta de dados é uma etapa importante na implementação de um plano de cargos e salários, pois sua utilização fornece dados consistentes que sustentam as demais etapas.

A forma como são coletados os dados que compõem a análise de cargos é o ponto inicial do processo a ser definido.

Neste capítulo, descreveremos os métodos tradicionalmente utilizados, bem como as vantagens e as desvantagens que acompanham cada uma das opções.

3.1 Métodos de coleta de dados

Como já apresentado no capítulo anterior, os métodos de coleta de dados são os meios utilizados com o objetivo de reunir informações necessárias para o processo de análise dos cargos. A metodologia utilizada deve ser discutida antecipadamente, pois cada caso exige um método específico a ser trabalhado.

Os tópicos a seguir abordarão detalhadamente cada método, identificando o melhor momento para sua utilização.

3.1.1 Diagnóstico

O **diagnóstico**, ponto de partida para uma análise de cargos, consiste em observar a estrutura existente e como ela se desenrola dentro da empresa. É a fase de entendimento do cenário onde a empresa está inserida.

3.1.2 Método da observação direta

O **método da observação direta** geralmente é utilizado para descrever processos operacionais cujas atividades envolvem operações manuais ou tarefas simples, rotineiras e repetitivas que possibilitam uma descrição com base na observação de outro funcionário no exercício de suas funções. Esse método pode ser utilizado, por exemplo, nos casos de operadores de linha de montagem, operadores de máquinas etc. (Pontes, 2002).

3.1.2.1 Vantagens

A observação *in loco* das tarefas e das responsabilidades do cargo possibilita uma melhor compreensão dos objetivos de cada função e das condições ambientais em que são realizadas, sem necessidade de paralisação do trabalho.

3.1.2.2 Desvantagens

A observação direta é um processo demorado e caro, uma vez que exige muito tempo do analista *in loco*. Além disso, podem surgir dúvidas quando da observação das tarefas, exigindo mais tempo para esclarecimentos, ou seja, que o analista retorne ao local para sanar as dúvidas encontradas.

3.1.3 Método do questionário

Para Pontes (2006), o questionário, método bastante utilizado, é indicado para todos os grupos ocupacionais. A cada grupo ocupacional específico se distribui um questionário elaborado (de forma simples e clara), nos mesmos moldes do roteiro da entrevista, com a diferença de que são os ocupantes dos cargos que o preenchem, individualmente ou em conjunto com seu supervisor.

Nesse tipo de processo, recomenda-se que os colaboradores recebam esclarecimentos sobre o preenchimento adequado do documento, evitando assim que as informações se percam. A devida explicação também evita distorções em relação ao objetivo final do método.

3.1.3.1 Vantagens

O questionário é um método econômico, eficiente e rápido de coleta de dados de um grande número de funcionários.

3.1.3.2 Desvantagens

Por falta de entendimento dos colaboradores, podem ocorrer casos de distorção no preenchimento, tendo como resultado a inconsistência dos dados apresentados.

3.2 Modelos de questionários para levantamento de funções

A utilização do questionário é o meio pelo qual se dá a coleta de dados. Com base nessa constatação, mostraremos alguns exemplos de modelos de questionários que podem ser utilizados para a extração de informações em cargos cujos profissionais exercem ou não supervisão.

A Figura 3.1 apresenta um modelo de questionário voltado a cargos em níveis de supervisão. Esse questionário foca as habilidades e a percepção do colaborador sobre si mesmo e seus subordinados, além de levantar informações acerca da postura do profissional diante dos desafios do cargo.

Figura 3.1 – **Modelo de questionário para análise de cargos que exercem supervisão**

Carta de encaminhamento

Prezado colaborador,

Você está recebendo um questionário cuja finalidade é levantar dados sobre as funções integrantes do seu cargo. Descreva todas as atividades desempenhadas diariamente, semanalmente e mensalmente, bem como aquelas realizadas em intervalos regulares (semestrais e anuais).

Acrescente a descrição dos conhecimentos, das habilidades e das atitudes mínimas que você considera necessários para o desempenho de suas funções. Indique quais são as áreas que dependem das suas informações para que iniciem, prossigam ou finalizem trabalhos. No caso de falhas nesses contatos, comente sobre possíveis consequências. Caso ocorram erros, em que momento eles são percebidos? Por outro lado, que consequências esses erros podem trazer ao seu setor e/ou área?

Em caso de dúvidas, dirija-se ao RH e solicite os esclarecimentos necessários. Por fim, para que este formulário seja bem aproveitado, solicitamos a gentileza de descrever as informações de forma clara.

(continua)

(Figura 3.1 – conclusão)

Cargos cujos profissionais exercem supervisão

Diretoria:
Gerência:
Funcionário:
Título do cargo atual:
Superior imediato:
Cargo do superior imediato:

1. Descreva a missão e as responsabilidades integrantes do seu cargo.
Exemplo de missão:
___
Responsabilidades principais:
a.___
b.___
2. Descreva sua estrutura de trabalho.
a.___
b.___
3. Indique o total de funcionários subordinados a você.
(   ) Diretos
(   ) Indiretos
4. Competências técnico-funcionais
Indique aqui seu grau de instrução (nível fundamental, médio ou superior) e as competências (conhecimentos, habilidades e atitudes) complementares que você julga importantes para o bom desempenho das responsabilidades integrantes do seu cargo.
Exemplos:
Formação em Administração, com especialização em Gestão de Pessoas.
Capacidade para planejar, coordenar e executar projetos internos.
Habilidade no relacionamento com os colaboradores.
5. Desafios
Descreva duas ou mais complexidades exigidas no desempenho de suas funções.
a.___
b.___
Observações e/ou informações complementares:
___

Data ___/___/___

A Figura 3.2 traz um modelo de questionário voltado a cargos que não exercem supervisão, visando investigar exatamente o que acontece no cotidiano do colaborador. É importante, para esse tipo de cargo, levantar como são apontados os erros, de que maneira são reportados, qual é o procedimento relacionado, como é a estrutura de trabalho, com quais pessoas o trabalhador se relaciona para finalizar suas tarefas, o que faz, como faz e para que faz, com o objetivo de identificar seu entendimento sobre a função que executa na empresa.

Figura 3.2 – **Modelo de questionário para análise de cargos cujos profissionais não exercem supervisão**

Cargos que não exercem supervisão
Diretoria:
Gerência:
Funcionário:
Área de trabalho (nome completo):
Título do cargo atual:
Superior imediato:
Cargo do superior imediato:
1. Descreva as funções integrantes do seu cargo.
Ao descrever as funções, responda às perguntas: *o que, como* e *para que* faço?
Exemplo:
O que faço (ação) – arquivo de documentos.
Como faço (método) – organização por ordem alfabética.
Para que faço (resultado) – para facilitar a localização.
Arquivo – documentos organizados por ordem alfabética, para que possam ser rapidamente localizados.
2. Funções executadas diariamente:
a._____
b._____
3. Funções executadas em intervalos regulares:
a._____
b._____

(continua)

(Figura 3.2 – conclusão)

4. Que trabalhos dependem do seu para ter seguimento ou para serem finalizados (dentro e/ou fora da sua área)? a._____ b._____ 5. Competências técnico-funcionais: Indique aqui seu grau de instrução (nível fundamental, médio e superior) e as competências (conhecimentos, habilidades e atitudes) complementares que você julga importantes para o bom desempenho das suas atividades. a._____ b._____ 6. Contatos: Durante seu trabalho, você mantém contato com: ( ) funcionários de sua área; ( ) funcionários de outras áreas; ( ) prestadores de serviços; ( ) órgãos ou clientes públicos ou privados. Outros:_____ Exemplifique as consequências que contatos malsucedidos podem gerar. a._____ b._____ 7. Consequência de erros: Onde os erros decorrentes do seu trabalho são notados: ( ) na sua própria área; ( ) em outras áreas. Quando os erros são notados: ( ) durante a execução do trabalho; ( ) posteriormente. Por quem os erros são notados: ( ) por você; ( ) pela sua chefia imediata; ( ) por colegas de trabalho. Outros:_____ Observações e/ou informações complementares: _____ Data ___/___/___

Os questionários para os cargos gerenciais, exemplificados pela Figura 3.3 a seguir, visam avaliar a complexidade das tarefas, a experiência do colaborador, a autonomia e as responsabilidades inerentes ao cargo.

Figura 3.3 – **Modelo de questionário para análise de cargos gerenciais**

Prezado colaborador,

Este formulário visa colher informações a respeito das funções gerenciais desempenhadas em nossa empresa, e o resultado da análise dos dados fornecidos aqui resultará no catálogo de descrições e especificações dos cargos.

É importante que as informações descritas reflitam com clareza todas as tarefas inerentes ao cargo ocupado; o uso de abreviações e siglas dificulta o processo.

Este formulário deverá ser entregue preenchido na área de Recursos Humanos até __/__/__.

Nome do colaborador:
Unidade:

Parte 1 – Descrição de cargo

Descreva qual é o objetivo principal do seu cargo.

Descreva, separadamente, cada tarefa que compõe o cargo e, para cada uma delas, coloque *o que é feito, como é feito* e *para quem é feito*. Descreva as tarefas em ordem de importância.

Parte 2 – Especificações do cargo

Instrução:

Assinale o nível de instrução que você considera importante para o melhor desempenho do cargo (não mencione o seu).

Superior completo em:_____
Pós-graduação em:_____
Complementares:_____
Experiência:

Qual é o período mínimo para treinar alguém que tenha o nível de instrução apontado no item anterior, a fim de que essa pessoa desempenhe as tarefas de modo satisfatório?_____

(continua)

(Quadro 1.1 – conclusão)

Complexidade das tarefas:
Comente a respeito da sua tarefa mais complexa.
Autonomia:
Descreva as decisões mais importantes que você toma sem a necessidade de passar por seu superior.
Responsabilidades:
Número de subordinados: _____
Valores (orçamento, dinheiro): _____
Data: __/__/__
Assinatura: _____

Fonte: Adaptado de Pontes, 2006, p. 55.

O questionário desenvolvido para os cargos de níveis gerenciais pode ser ainda mais aprofundado, pois, em virtude do elevado grau de instrução do colaborador, as informações serão mais bem exploradas.

Além do questionário, há outro método, considerado o melhor para a obtenção de dados relacionados aos cargos: a **entrevista**. As entrevistas podem ser individuais, grupais (com pessoas que ocupam o mesmo cargo) e com os supervisores que conhecem os cargos analisados.

3.3 Questões abordadas em uma entrevista sobre cargos

O método da entrevista, além de ser o mais utilizado, é também uma ferramenta importante de coleta de informações. Dessa forma, as perguntas devem ser elaboradas de forma clara e objetiva.

Segundo Chiavenato (2010, p. 220), as principais questões abordadas em uma entrevista típica sobre cargos são:

a) Que cargo você desempenha?
b) O que você faz?
c) Com que periodicidade (diária, semanal, mensal)?
d) Como você faz? Quais são os métodos e procedimentos utilizados?
e) Por que você faz? Quais são os objetivos e os resultados do seu trabalho?

f) Quais são seus principais deveres e responsabilidades?
g) Em que condições físicas você trabalha?
h) Qual é a escolaridade, a experiência e as habilidades que o cargo requer?
i) Quem é seu supervisor imediato? O que você reporta a ele?
j) Quem são seus subordinados?

Para a obtenção do melhor resultado, é necessário estruturar a entrevista em etapas, apresentadas a seguir.

Primeira etapa: informações gerais
É informado ao gerente responsável que os colaboradores passarão por um processo de entrevista, a fim de coletar dados sobre as tarefas desempenhadas. Nessa ocasião, agendam-se as datas para as entrevistas.

Segunda etapa: conduzindo a entrevista
Para que a entrevista aconteça da forma mais agradável possível e o analista ganhe a confiança do colaborador, é importante explicar os objetivos dela de forma cordial e franca, esclarecendo qualquer dúvida que venha a surgir.

Terceira etapa: análise das tarefas do cargo
Por meio de listas de tarefas feitas pelos próprios ocupantes dos cargos, passa-se a *como* são realizadas as tarefas.

Se, durante o processo de análise, os dados obtidos por meio das listas não estiverem claros, será realizada entrevista para um melhor entendimento. Separar as tarefas, em diárias e periódicas, também facilita o processo.

Quarta etapa: análise da especificação do cargo
É importante esclarecer ao candidato que não se trata de suas informações pessoais, mas sim daquelas exigidas pelo cargo. Nessa fase, ele descreve dados específicos, como grau de instrução, complexidade e experiência inerentes ao cargo.

Quinta etapa: encerramento da entrevista
Nessa etapa, o entrevistador lembra ao entrevistado que, com as informações coletadas, serão elaboradas a descrição e a especificação do cargo.

O responsável pelo processo esclarece que, se surgirem dúvidas, o colaborador poderá ser chamado para uma nova entrevista.

O analista elabora a descrição e a elaboração do cargo, apresentando-as ao colaborador e ao gerente para críticas e confirmações dos dados.

3.4 Vantagens e desvantagens do método da entrevista

O método da entrevista apresenta algumas vantagens, como o esclarecimento de dúvidas com o ocupante do cargo, a confiabilidade das informações obtidas e o fato de sua aplicação se estender a todos os grupos ocupacionais.

As desvantagens desse método são observadas na má condução ou estruturação do processo pelo entrevistador, o que pode acarretar resistência por parte dos colaboradores e, consequentemente, descrédito nos processos posteriores.

3.5 Métodos mistos ou combinados

Os métodos mistos ou combinados são utilizados para amenizar as desvantagens dos outros métodos. Entre eles, o mais efetivo é a combinação dos métodos do questionário seguido por entrevista. Segundo Pontes (2013), os métodos combinados para a coleta de dados podem ser três: questionário e entrevista, questionário e observação local, ou observação local e entrevista.

I. As formas de aplicação para a combinação "questionário e entrevista"

a) Ocupante do cargo:
O ocupante do cargo responde ao questionário, e o analista realiza entrevista com base em informações constadas nele.
Vantagens:
- Reduz o tempo da entrevista.

- Melhora a qualidade das informações coletadas pelo questionário.

b) Gerência:
A gerência responde ao questionário sobre o cargo ocupado por seu subordinado, e o analista realiza a entrevista com base nessas declarações.

c) Analista de cargos:
De posse de um questionário em branco, o analista entrevista o ocupante do cargo enquanto preenche o questionário.
Vantagem:
- Facilita a estruturação da entrevista.

II. As formas de aplicação para a combinação "questionário e observação local"

a) Gerência e ocupante do cargo:
A gerência responde ao questionário sobre o cargo ocupado pelo subordinado, e o analista observa o trabalho enquanto é executado pelo ocupante.
Vantagem:
- Reduz o tempo de observação local.

b) Analista de cargos:
Com base em questionário não preenchido, que serve como roteiro, o analista observa o trabalho executado pelo ocupante e preenche o questionário.
Vantagem:
- Estrutura adequadamente o que deve ser observado pelo analista.

III. As formas de aplicação para a combinação "observação local e entrevista"

a) Ocupante do cargo:
Inicialmente, o analista observa o trabalho realizado pelo ocupante do cargo e, em seguida, realiza uma rápida entrevista com o próprio ocupante.
Vantagem:
- Elimina as dúvidas surgidas com a observação.

b) Ocupante do cargo e gerência:
Inicialmente, o analista observa o trabalho realizado pelo ocupante do cargo e, em seguida, realiza uma rápida entrevista com o gerente.

Síntese

A coleta de dados é um assunto de extrema importância, e os métodos de utilização apresentam vantagens e desvantagens. Ao escolher uma metodologia de aplicação, é importante estudá-la a fim de compreender se a opção é a mais eficiente.

Para auxiliá-lo na elaboração dos questionários, foram disponibilizados alguns modelos para a construção de perguntas, bem como modelos de questões que podem ser abordadas em um processo de entrevista. O capítulo abordou também os métodos combinados para coleta de dados.

Questões para revisão

1. Quais são os métodos de coleta de dados?

2. Quais são as vantagens do método do questionário?

3. A observação da execução das tarefas realizadas no local de trabalho é um método:

    a) do questionário.
    b) da entrevista direta.
    c) da observação direta.
    d) dos métodos mistos ou combinados.

4. Se você fosse o entrevistador, quais seriam as perguntas que utilizaria no método da entrevista? Redija-as.

5. O método da entrevista direta é composta por quantas etapas?

    a) Duas.
    b) Quatro.
    c) Cinco.
    d) Oito.

Questões para reflexão

1. Em dupla, desenvolver os seguintes passos:

    a) Escolher um cargo (de preferência ocupado pelo colega da dupla).
    b) Escolher um método de coleta de dados.
    c) Elaborar as perguntas que serão utilizadas para o levantamento de informações.
    d) Escolher um modelo de questionário e preenchê-lo com todas as informações coletadas.
    e) Ao finalizar os tópicos, refletir com seu colega como foi para ambos a realização desse exercício.

Para saber mais

Para aprofundar seus conhecimentos, o livro indicado a seguir explora os métodos do questionário, da entrevista e da observação, descrevendo de que forma cada um deles pode ser aplicado.

VERGARA, Silvia Constant. **Métodos de coleta de dados no campo**. 2. ed. São Paulo: Atlas, 2012.

4 Descrição e especificação de cargos

Conteúdos do capítulo:
- Regras para descrição e especificação de cargos.
- Descrição sumária do cargo.
- Especificação do cargo.
- Redação sucinta e clara da especificação.
- Revisão das descrições de cargo.
- Níveis hierárquicos e responsabilidades típicas.
- Verificação da consistência, da funcionalidade e da qualidade das avaliações.
- Modelos de descrição de cargos.
- Titulação de cargos.

Após o estudo deste capítulo, você será capaz de:
1. compreender a aplicação dos métodos de coleta de dados estudados no capítulo anterior e sua relação com a descrição e especificação de cargos;
2. distinguir a maneira correta de descrição e especificação de cargos;
3. construir um modelo de descrição de cargos;
4. explicar a utilidade da descrição de cargos.

Neste capítulo, serão descritos os processos para obtenção de descrição e especificação de cargos. Já vimos, sucintamente, no capítulo anterior, como funciona a especificação de cargo. A partir deste ponto do texto, conheceremos algumas regras para realizá-la e aprofundaremos no decorrer do capítulo a metodologia de descrição por meio de modelos disponíveis.

A descrição de cargo consiste no processo de sintetização das informações obtidas por meio da coleta de dados e na análise de requisitos exigidos para o cargo, como escolaridade, experiência, condições de trabalho, habilidades, responsabilidades etc. As informações devem ser organizadas de forma simples e clara para facilitar a compreensão do leitor.

4.1 Regras para descrição e especificação de cargos

A descrição e a especificação de cargos é uma etapa muito delicada no processo de elaboração de um plano de cargos e salários. Nos tópicos a seguir, apresentamos algumas regras importantes para que se mantenha a padronização e a clareza na descrição.

4.1.1 Clareza e impessoalidade na descrição

Devemos utilizar linguagem simples para que qualquer pessoa possa compreender a descrição dos cargos. Devem ser eliminados quaisquer dados que possam gerar dúvidas na compreensão. Em relação à utilização de termos técnicos, estes deverão conter especificações.

Mais à frente, veremos alguns modelos de verbos utilizados para definir atividades; cabe ainda lembrar que a descrição é feita sempre na terceira pessoa do tempo presente do indicativo ou no modo infinitivo.

4.1.2 A descrição deve ser do cargo, não do ocupante

A descrição e a especificação devem referenciar o cargo, não o ocupante deste. Em algumas organizações, é comum vermos descrições realizadas para os ocupantes do cargo; no entanto, devemos estar atentos para que isso não ocorra, pois tal equívoco prejudica o objetivo principal que consiste em atender à real necessidade que o cargo exige. Dessa forma, é importante que as tarefas sejam descritas de acordo com as exigências da função. Caso o ocupante tenha alguma competência diferenciada daquela exigida pelo cargo, ela não deve constar na descrição.

Como citado na Seção 4.1.1, a utilização de alguns verbos pode facilitar a descrição e a compreensão da tarefa quando inseridos no início da frase. No Quadro 4.1 constam alguns modelos.

Quadro 4.1 – **Verbos que auxiliam a compreensão das tarefas**

aconselhar	consultar	liderar	adotar
desenvolver	manter	ajudar	dirigir
participar	ajustar	determinar	organizar
analisar	elaborar	pesquisar	apoiar
especificar	planejar	apresentar	estabelecer
preparar	aprimorar	examinar	reportar
aprovar	estudar	receber	avaliar
executar	representar	aferir	facilitar
selecionar	conduzir	informar	supervisionar

Lembre-se de que, ao utilizar um dos verbos citados para descrever uma tarefa, como "**supervisionar** o desenvolvimento de projetos de pesquisas salariais", tal escolha facilita a compreensão do leitor acerca da tarefa a ser executada.

4.1.3 Verbos que indicam um objetivo a atingir

Os verbos apresentados no Quadro 4.2 podem ser utilizados no meio das frases, depois da expressão *visando*, para facilitar a compreensão do objetivo da tarefa ou da responsabilidade:

Quadro 4.2 – Verbos que indicam a compreensão dos objetivos da tarefa

alcançar	controlar	manter	apoiar	coordenar
maximizar	aprimorar	criar	minimizar	assegurar
cumprir	motivar	assistir	desenvolver	obter
atingir	estabelecer	otimizar	aumentar	estimular
preservar	auxiliar	facilitar	promover	conseguir
formular	proteger	contribuir	implementar	reduzir

Nesse caso, o verbo pode ser inserido conforme o seguinte exemplo: "analisar as solicitações de equipamentos de proteção individual visando preservar a integridade física do colaborador e reduzir os riscos de doenças laborais".

4.1.4 Uso de advérbios

Os advérbios podem ser de tempo, de lugar, intensidade, modo, afirmação, dúvida e negação, entretanto, devem ser utilizados somente nas especificações, conforme exemplo a seguir.

Cargo: marceneiro

(Modo) Como o ocupante trabalha: em pé, agachado, curvado.

(Lugar) Onde o ocupante trabalha: na fábrica, na rua, em local insalubre etc.

O uso dos advérbios está presente a todo momento nas especificações de cargos.

4.1.4.1 Descrever *o que faz, como faz* e *por que faz*

Se agruparmos os dados coletados e os organizarmos segundo o roteiro de respostas baseado em *o que, como, por que, onde* e *quando* o colaborador faz, as informações ficam estruturadas de maneira mais clara.

Para uma melhor compreensão, cada tarefa deve responder às perguntas da Figura 4.1 a seguir.

Figura 4.1 – **Perguntas: conteúdo do cargo**

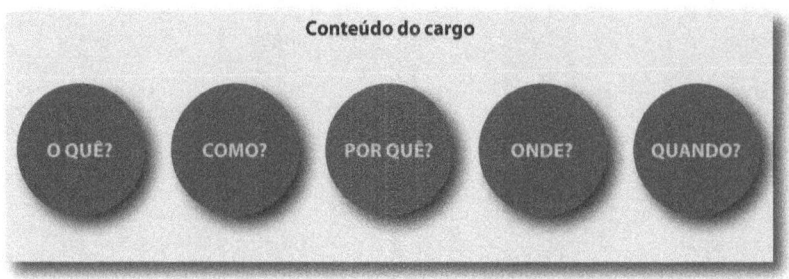

Conteúdo do cargo

O QUÊ? COMO? POR QUÊ? ONDE? QUANDO?

Fonte: Adaptado de Chiavenato, 2010, p. 218.

A compreensão das cinco perguntas de conteúdo do cargo facilita a descrição consideravelmente, mas é importante saber do que trata cada uma delas.

O que faz refere-se às tarefas e atividades; *Quando faz* trata da periodicidade em que as tarefas são executadas; *Como faz* (por meio de) engloba máquinas, pessoas, informações etc.; *Onde faz* refere-se ao local de trabalho; *Por que faz* aborda os objetivos (metas, resultados) a atingir.

Os exemplos descritos a seguir ilustram a utilização de algumas das perguntas de conteúdo do cargo.

Exemplo 1
No cargo de atendente de secretaria acadêmica, como mostra o Exemplo 1, são utilizadas três das perguntas presentes na Figura 4.1. Ao responder a elas, torna-se fácil compreender a descrição das tarefas.

- O que faz: emite certificado de cursos.
- Como faz: preenche todos os dados necessários.
- Por que faz: para fornecer ao consumidor atestado de conclusão.

Nesse exemplo, a descrição ficaria da seguinte forma: "O cargo de atendente de secretaria acadêmica tem como função emitir certificado de curso realizado, completando com dados necessários e atestando ao consumidor a conclusão do referido curso".

Exemplo 2

O cargo do Exemplo 2, analista de recursos humanos, também responde a três das perguntas citadas na Figura 4.1, tornando mais clara a compreensão da tarefa.

* **O que faz:** descreve cargos.
* **Como faz:** com base em informações obtidas por meio do método de coleta de dados.
* **Por que faz:** para esclarecer e padronizar as tarefas dos cargos.

Nesse exemplo, a descrição ficaria da seguinte forma: "o cargo de analista de recursos humanos tem como função descrever cargos com base em informações obtidas por meio do método de coleta de dados, a fim de esclarecer e padronizar tarefas".

4.2 Descrição sumária

A descrição sumária é uma forma resumida de descrição, que permite a rápida compreensão do conteúdo do cargo. Geralmente, utiliza-se somente o enunciado *O que faz*.

Devemos considerar que essa descrição pode ser incompleta no que diz respeito a informações, e isso talvez dificulte a compreensão ampla do cargo. O exemplo a seguir ilustra tal descrição.

Exemplo de descrição sumária
Cargo: bibliotecário – documentalista. Disponibilizar informações; gerenciar unidades, como bibliotecas, centros de documentação, centros de informação e correlatos, além de redes e sistemas de informação; desenvolver recursos informacionais e tratá-los tecnicamente; disseminar informações, com o objetivo de facilitar o acesso e a geração do conhecimento; desenvolver estudos e pesquisas; promover difusão cultural; desenvolver ações educativas; assessorar em atividades de ensino, pesquisa e extensão.

4.3 Descrição detalhada

Ao contrário da descrição sumária, este modelo abrange de forma mais ampla as tarefas do cargo. Elaborada por ordem de importância e com a utilização dos verbos já vistos anteriormente, uma descrição detalhada pode conter, entre outras informações, a seguinte redação:

Cargo: Telefonista
- Atender a ligações telefônicas, efetuá-las (internas e externas) a pedido de clientes e colaboradores em geral, respeitando sempre as normas e políticas internas da empresa.
- Localizar departamentos e pessoas, transferindo corretamente as ligações.
- Elaborar relatórios diários tanto de chamadas receptivas (aquelas que entram externamente por meio de clientes, fornecedores etc.) como de chamadas efetuadas (feitas internamente a pedido de colaboradores), segundo os procedimentos internos da empresa.
- Prestar auxílio aos colaboradores em relação a possíveis ligações para os ramais internos da empresa.
- Manter os colaboradores informados sobre quaisquer mudanças que eventualmente ocorram em relação aos procedimentos internos de uso telefônico.

Com base no texto anterior, podemos compreender que a descrição detalhada fornece informações claras sobre as tarefas, possibilitando ao ocupante do cargo maior eficiência na execução.

Mesmo que a descrição seja detalhada, ou seja, mais completa e extensa, é importante manter a objetividade e a clareza, facilitando, assim, a compreensão.

4.4 Especificação do cargo

Conforme estudamos anteriormente, a especificação do cargo é dividida em quatro áreas (mental, de responsabilidade, física e de condições de trabalho), que, por sua vez, são subdivididas em fatores que estabelecem os requisitos, as responsabilidades e os esforços necessários à pessoa que irá ocupar o cargo. As especificações não devem ser longas nem definitivas, pois poderão sofrer mudanças durante o processo de avaliação dos cargos.

A Figura 4.2 foi desenvolvida com o objetivo de exemplificar alguns desses fatores e suas especificações, mostrando o que deve ser analisado. Os três níveis da figura referem-se a *alguns fatores de especificação, fatores de especificação* e *o que especificar,* respectivamente.

DESCRIÇÃO E ESPECIFICAÇÃO DE CARGOS

Figura 4.2 – **Fatores de especificação na análise de cargos**

Alguns fatores de especificação		
	Instrução	Instrução formal – cursos oficiais de extensão ou especialização.
	Conhecimento	Conhecimentos complementares exigidos para o exercício do cargo.
	Experiência	Tempo estimado para desempenhar as tarefas do cargo em análise.
	Iniciativa/ complexidade	Complexidade das tarefas, grau de supervisão recebida pelo ocupante para o desenvolvimento das atividades e nível decisório.
	Responsabilidade por supervisão	Extensão da supervisão exercida. Número de subordinados e natureza da supervisão (complexidade).
	Responsabilidade por valores	Guarda e manuseio de dinheiro. Títulos e documentos da empresa.
	Responsabilidade por erros	Risco de erros na execução do trabalho que possam afetar a imagem da empresa ou trazer prejuízos.
	Responsabilidade por materiais	Matéria-prima, produtos acabados sob custódia do ocupante, prejuízos.
	Esforço visual e mental	Exigência de concentração mental e visual (frequência/intensidade).
	Esforço físico	Posições incômodas, carregamento de peso (intensidade).

Fonte: Adaptado de Chiavenato, 2010; Pontes, 2013, p. 82.

Na figura apresentada, foram relacionados os fatores mais comuns utilizados pela maioria das organizações. Ao iniciarmos a interpretação da figura pelo primeiro fator, *instrução*, observamos que a especificação, no quadro ao lado, refere-se ao nível de escolaridade em termos gerais, ou seja, desde a educação básica até os níveis superiores, incluindo os cursos de extensão.

4.4.1 Redação sucinta e clara da especificação

Assim como a descrição sumária, a redação sobre a especificação de cargos deve ser realizada de forma sucinta, clara e objetiva, para a melhor compreensão de qualquer pessoa que tenha contato com o documento.

Uma redação sucinta deve incorporar as informações básicas sobre os requisitos exigidos ao ocupante do cargo, por exemplo:

Ao cargo de telefonista são necessárias as seguintes especificações.

- Instrução:
  Ensino médio completo.
- Habilidades:
  Agilidade, boa comunicação e proatividade.
- Experiência:
  Mínimo de 1 (um) ano na função.
- Responsabilidade por informações:
  Prezar pela integridade das informações prestadas a clientes internos e externos.
- Esforço físico e visual:
  O ocupante do cargo deverá permanecer sentado durante a maior parte do tempo, fazendo uso de movimentos repetitivos nos braços e mãos, além de esforço visual moderado.
- Ambiente:
  O ambiente está sujeito a barulhos em níveis reduzidos.

Os itens citados são apenas para ilustrar a forma como podem ser redigidas as especificações do cargo.

4.5 Revisão das descrições de cargo

Para uma análise final, é importante que gestores e diretores participem da revisão final das descrições. Contudo, se isso não for possível, é necessária a presença de um executivo que tenha poder para autorizar modificações na estrutura de cargos, nos processos gerenciais ou nos sistemas de informação.

A revisão das descrições de cargo pode mostrar, entre outras, algumas das seguintes situações:

- Tarefas "órfãs" – responsabilidades que ninguém assume.
- Tarefas duplicadas – tarefas realizadas em dois locais diferentes, sem necessidade.
- Tarefas desnecessárias – tarefas que não fazem mais sentido, mas que continuam a ser realizadas.
- Outras oportunidades para melhorar sistemas e processos gerenciais.

As situações mencionadas ocorrem com frequência em muitas organizações. Durante muito tempo, algumas tarefas acabam sendo executadas sem que alguma providência seja tomada, mas, quando é realizada a revisão das descrições, elas ficam mais evidentes, e o momento se torna oportuno para a efetuação das mudanças necessárias.

4.5.1 Cargos administrativos

Ao realizar a revisão das descrições do cargo, enfatizar algumas tarefas pode funcionar como ponto de partida para a eliminação de situações semelhante às que foram mencionadas no tópico anterior. Nos cargos administrativos, podemos dar ênfase ao fluxo de tarefas em seus ciclos, aos tipos de controle e relatórios preparados, à periodicidade e prazo das tarefas e ao relacionamento destas com outras áreas.

4.5.2 Cargos operacionais

Da mesma forma, o cargos operacionais podem ser analisados com ênfase nos tipos de operações executadas, nas fases e nos fluxos das tarefas, no ciclo referente a elas, nos tipos de máquinas operadas e de materiais e ferramentas utilizados, na quantidade e qualidade do trabalho executado e nas anotações e controles da produção.

4.5.3 Cargos técnicos e especializados

Nos cargos técnicos e especializados, a ênfase deve ser dada às perguntas relacionadas ao campo de conhecimento, ao funcionamento do processo de trabalho, ao ciclo de atividades, às áreas que são atendidas e ao objetivo da prestação do serviço. Por meio desse roteiro, a identificação de tarefas soltas na descrição de cargos torna-se mais simples.

4.5.4 Cargos gerenciais

Para os cargos gerenciais, a análise pode ser feita por meio das responsabilidades do cargo em relação às estratégias e políticas organizacionais, ao estabelecimento de objetivos, à elaboração de planos de ação e relacionados à responsabilidade por supervisão e controle de processos e pessoas.

4.5.5 Identificação de anomalias na estrutura de cargos

Em um processo de descrição de cargos, como já vimos no tópico anterior, podem ocorrer situações anômalas que causam inconsistências em alguns cargos. Tais situações, muitas vezes, revelam-se cômodas para algumas pessoas na empresa que, ao corrigir essas falhas, talvez se deparem com a resistência de alguns colaboradores motivada pela mudança de alguns processos de trabalho.

O importante nessa situação é mostrar, por meio de diálogo e envolvimento do pessoal, que as mudanças trazem oportunidades benéficas para a organização e o colaborador e que o sucesso delas depende do envolvimento de todos, pois afetam diretamente o clima organizacional.

4.5.6 Utilidades da descrição de cargos

São muitas as utilidades da descrição de cargos. As informações nela contidas servem, entre outras funções, para:

* determinar o perfil e o conteúdo de cada cargo por meio do processo de avaliação de cargos e, consequentemente, estabelecer uma remuneração compatível para o ocupante do cargo;
* identificar os pontos que necessitam de uma análise mais elaborada, para alinhar a estrutura organizacional aos objetivos da empresa e de cada departamento;
* analisar as exigências do cargo e sua descrição em relação ao desempenho do ocupante, em função dos objetivos globais da empresa ou do departamento;
* analisar inter-relações importantes com outras áreas da empresa e com o ambiente externo;
* fornecer subsídios para os programas de treinamento, de posse de um perfil definido;
* fornecer dados para a definição de perfil dos candidatos para facilitar o recrutamento e a seleção de profissionais com perfis adequados;
* facilitar o planejamento de promoções, na medida em que a descrição fornece elementos para a análise do perfil do candidato e para compará-lo às especificações do cargo.

São muitas as vantagens que um processo de implementação de administração de cargos e salários pode trazer à organização. Os tópicos citados anteriormente representam alguns dos ganhos que a empresa pode obter com as informações coletadas. Por meio do gerenciamento dessas informações, a área de recursos humanos tem a oportunidade de desenvolver de maneira cada vez melhor os processos existentes na empresa.

4.6 Níveis hierárquicos e responsabilidades típicas

Os tópicos a seguir abordam alguns níveis hierárquicos presentes nas organizações e as responsabilidades típicas do cargo.

4.6.1 Presidência

A presidência tem como responsabilidades típicas a elaboração das definições estratégicas e dos objetivos globais da organização, bem como da definição dos rumos do negócio e das políticas para a empresa como um todo. Esse nível recebe orientação direta do(s) proprietário(s).

4.6.2 Diretoria

Cabe à diretoria as responsabilidades típicas de elaborar as definições de políticas específicas para suas respectivas áreas de atuação e os objetivos das diferentes áreas da organização. Esse nível hierárquico recebe orientações da presidência.

4.6.3 Superintendência e gerência geral

São responsabilidades típicas da superintendência e da gerência geral elaborar as definições táticas e os planos de ação. Esse nível é intermediário entre a diretoria e a gerência – em algumas empresas, corresponde a um diretor com poderes atenuados e, em outras, a um gerente com poderes ampliados.

4.6.4 Gerência e coordenação

As responsabilidades típicas da gerência e da coordenação dizem respeito à elaboração das definições táticas e dos planos de ação, sendo reponsável pela execução das políticas organizacionais em seus departamentos ou divisões.

4.6.5 Supervisão, analistas e assistentes

A supervisão, os analistas e os assistentes têm como responsabilidades típicas elaborar as definições de programação e executar os planos de ação.

Esse nível é responsável por uma subfunção de um departamento ou por uma atividade especializada, e cabe aos seus respectivos profissionais o desenvolvimento e a condução de projetos e programas de seus setores.

4.6.6 Assistentes e auxiliares: execução de tarefas rotineiras mais complexas

São os assistentes e auxiliares que se responsabilizam pela execução de tarefas rotineiras mais complexas, envolvendo algum tipo de análise que agregue valor aos projetos e aos programas de trabalho.

4.6.7 Assistentes e auxiliares: execução de tarefas rotineiras normais

Esses assistentes e auxiliares têm como responsabilidade típica a execução de tarefas rotineiras normais que pouco alteram o resultado final da organização.

4.7 Verificação da consistência, da funcionalidade e da qualidade das avaliações

Após o levantamento de informações por meio dos métodos de coleta de dados, estes são organizados, descritos e especificados dentro das funções. Entretanto, o trabalho não se encerra sem que seja verificada a consistência e funcionalidade dos dados. A qualidade das informações prestadas é fundamental para o processo de descrição e especificação, uma vez que o resultado final depende disso. Os próximos itens abordam as situações mais comuns do processo de avaliação de cargos e utilizam a palavra *classes* para exemplificar a proximidade entre eles. As classes podem ser entendidas como os níveis I, II, III comumente utilizados para distanciar os cargos em termos de funções.

4.7.1 Avaliações de cargos de uma mesma linha hierárquica

Para os cargos de uma mesma linha hierárquica, mas que estejam em níveis diferentes no organograma (gerentes, supervisores, coordenadores, analistas e encarregados), consideramos geralmente **duas classes de distância** (definidas por meio da classificação de cargos para diferenciação entre as funções e os fins salariais). Se um cargo está na classe 8, como gerente de vendas por exemplo, o cargo hierarquicamente abaixo deve estar na classe 6, por exemplo, supervisor de vendas. Entre os diferentes departamentos, pode haver casos em que há apenas uma classe de diferença e, quanto mais próxima uma classe da outra, mais parecidas são as atribuições do cargo.

4.7.2 Cargos conflitantes

Quando a distância (intervalo) entre dois cargos é muito pequena, existe a possibilidade de conflito de funções, pois, se um gerente de vendas, por exemplo, for de classe 12, e seu auxiliar imediato for um coordenador de vendas de classe 11, ocorrerá ineficiência, pois os cargos são muito próximos e, por mais que sejam competentes, os dois profissionais tenderão a desempenhar as mesmas funções. Nesse caso, os funcionários não podem ser responsabilizados, pois entendem que a empresa definiu as atribuições e as expectativas sobre seu desempenho ao classificar seus cargos.

4.7.3 Situações que levam à inconsistência

O distanciamento entre um cargo e outro, em relação aos requisitos exigidos para os cargos, pode ocasionar problemas de comunicação. Se considerarmos que a exigência para um cargo de gerente, por exemplo, é dispor de curso superior, e que para o seu subordinado é exigido apenas o ensino médio, logo, o conhecimento exigido pelo cargo do subordinado será insuficiente para as tarefas a ele atribuídas, o que pode causar, ao longo do tempo, ineficiência das atividades.

Se a empresa não tiver uma área de recursos humanos bem estruturada, poderá, de forma incorreta, suprir essa ineficiência por meio de novas contratações, ignorando o fato de que o erro está na avaliação de cargos.

Quando o profissional tem competências inferiores às que são exigidas pelo cargo – por exemplo, se um dos requisitos exigidos for o domínio avançado em planilhas eletrônicas e o indivíduo não tiver esse conhecimento – pode ocorrer improdutividade e, nesse caso, o superior imediato demora a reconhecer o fato de que essa pessoa não está qualificada para o cargo.

Quando ocorre o contrário, e a pessoa tem competência superior ao que o cargo exige – por exemplo, se o requisito de instrução é o ensino médio completo, mas o ocupante concluiu o ensino superior – pode ocorrer uma situação de desconforto, que leva a pessoa a tentar justificar insistentemente sua posição no cargo, seu salário e seu *status* perante seus superiores.

4.7.4 Descrição de cargos executivos

A **descrição de cargos executivos** é realizada da mesma forma que os demais cargos, com a diferença de que a descrição sumária deve ser substituída por *objetivos do cargo* (missão do cargo), item que justifica a razão da existência do cargo na empresa.

O item a seguir ilustra de que forma pode ser descrito o objetivo do cargo.

4.7.4.1 Objetivo final (missão do cargo)

Conforme explicado anteriormente, o objetivo do cargo substitui a descrição sumária que consta no documento de descrição do cargo. Alguns exemplos adiante poderão ilustrar de forma mais prática como exatamente posicioná-lo. Neste ponto do texto, vamos apenas exemplificar um modelo de *objetivo final* de um cargo de gerente de vendas, descrito por meio do texto a seguir, lembrando que o objetivo final é a razão da existência do cargo: "Supervisionar as equipes de vendas, visando assegurar o cumprimento das metas estabelecidas; planejar e coordenar a execução dos trabalhos envolvendo volumes de vendas e lucratividade, participação de mercado e outros objetivos estratégicos da área comercial".

4.8 Modelos de descrição de cargos

Os modelos de descrição de cargos que serão mostrados tratam de figuras ilustrativas desenvolvidas com o objetivo de auxiliar você a construir descrições práticas com base no conhecimento teórico adquirido até aqui.

A Figura 4.3 está estruturada com a descrição de um cargo executivo; no item 2, o objetivo do cargo (missão do cargo) substitui a descrição sumária. Esse modelo traz ainda o nível decisório no item 3 e a descrição das atividades no item 4.

As qualificações (grau de instrução), a experiência e as competências do cargo também constam do modelo, e, por fim, o nome do ocupante do cargo.

Figura 4.3 – **Modelo de descrição de cargo n. 1**

Descrição de cargo	Código: CQ400-1
1. Identificação	
Título do cargo: supervisor comercial	Supervisão direta: PS400
Nome do ocupante:	Horário: das 08h00 às 18h00 Almoço: das 12h00 às 13h00
Departamento: Comercial	Data:
2. Objetivo final (missão do cargo)	
Supervisionar as equipes de vendas, visando assegurar o cumprimento das metas estabelecidas; planejar e coordenar a execução dos trabalhos envolvendo volumes de vendas e lucratividade, participação de mercado e outros objetivos estratégicos da área comercial.	
3. Nível decisório	
O cargo tem poderes para: negociações; autorização de mudanças no setor; delegação de funções; ajuste de metas.	
4. Atividades	
1. Analisar o volume de matrículas e propor alternativas para o cumprimento das metas. 2. Supervisionar todo o fluxo operacional do departamento identificando e propor ideias de melhoria.	

(continua)

DESCRIÇÃO E ESPECIFICAÇÃO DE CARGOS

(Quadro 4.3 – conclusão)

3. Identificar oportunidades para ampliar o número de matrículas.
4. ...
5. ...
6. ...

5. Qualificação I

Escolaridade mínima necessária: curso superior completo em Administração ou Marketing.
Tempo mínimo necessário de experiência: 2 a 4 anos.

5.1 Qualificação II

Escolaridade mínima necessária: curso superior completo em Administração ou Marketing, com pós-graduação em Gestão Organizacional ou similar.
Tempo mínimo necessário de experiência: 4 anos ou mais.

6. Competências: conhecimentos, habilidades e atitudes

Informática – Office	Atenção e concentração	Adaptação a mudanças
Mercado concorrente	Comunicação e expressão verbal oral e escrita	Assertividade
Noções da legislação que regula o ramo de atuação	Elaborar planilhas	Cordialidade
Conhecimento do produto oferecido	Operar sistemas informatizados	Disposição para o trabalho
Relações humanas no trabalho	Organização	Flexibilidade
Noções de negociação e vendas	Relacionamento interpessoal	Iniciativa e proatividade
Conhecer o sistema e o negócio da empresa	Elaboração de metas	Trabalho em equipe

7. Aprovação

Ocupante:	Revisto por:	Aprovado por:

Na figura a seguir (Figura 4.4), para efeito de ilustração, a descrição sumária permanece onde na figura anterior foi colocado o objetivo final (missão do cargo). Apesar de ser também um cargo executivo, algumas organizações optam por manter como descrição sumária.

Figura 4.4 – Modelo de descrição de cargo n. 2

Descrição de cargo
1. Identificação
Título do cargo: gerente de recursos humanos
Nome do ocupante:
Departamento: Recursos Humanos
2. Descrição sumária
Planejar, organizar e coordenar os processos de pessoal; implementar programas e projetos; promover estudos para controle e monitoramento do clima e cultura organizacionais; controlar o desempenho do capital humano organizacional.

3. Descrição detalhada
Executar programas de bem-estar social e qualidade de vida e realizar o planejamento, a organização e o acompanhamento das atividades de prestação de serviços psicológicos e sociais.
    Adotar procedimentos necessários ao cumprimento das legislações trabalhista, fiscal, previdenciária e do segmento de saúde.
    Executar e controlar as atividades relativas à concessão de programas de benefícios e auxílios concedidos pela empresa.
    Controlar e acompanhar a incorporação de funções gratificadas, sanções disciplinares, licenças e outros.
    Elaborar pareceres técnicos relativos à área de atuação.
    Planejar e executar o programa de capacitação funcional, desenvolvendo ações contínuas de aperfeiçoamento e especialização, e aplicar programas de sensibilização para prover de conhecimentos e habilidades o corpo funcional da empresa, garantindo a melhoria da gestão.
    Estender ações de treinamento a parceiros, fornecedores e clientes.
    Acompanhar as atividades de estagiários e menores aprendizes na empresa.
    Planejar e coordenar as atividades de recrutamento e seleção (interno e externo).
    Elaborar, implementar e manter atualizados os planos de carreiras, cargos e salários.

(continua)

(Figura 4.4 – continuação)

Implementar e acompanhar o processo de avaliação de desempenho dos empregados.
Realizar pesquisas salariais, de benefícios e vantagens, bem como acompanhar e executar a política de remuneração salarial aplicada à empresa.
Conferir, compilar e verificar os dados para o processamento da folha de pagamento mensal.
Executar o processo de admissão e desligamento de empregados, estagiários e aprendizes.
Organizar e manter atualizados o cadastro de pessoal e a documentação funcional.
Manter o controle e o acompanhamento dos registros de frequência e concessão de férias.
Efetuar cálculos trabalhistas e preparar documentação relativa às rescisões dos contratos de trabalho.
Calcular diferenças salariais e reflexos decorrentes de decisão judicial e outras alterações salariais.
Controlar e manter atualizado o quadro de pessoal, primando pelo dimensionamento da força de trabalho necessária ao perfeito funcionamento da empresa.
Participar das discussões e negociações com associações, sindicatos e outras instituições afins, visando à melhoria das relações de trabalho.
Executar outras atividades de mesma natureza e complexidade que compõem as atribuições da área.

4. Especificação

4.1 Formação

Formação superior completa em Psicologia, Administração e outras áreas de negócios.

4.2 Especialização

Pós-graduação em Gestão de Pessoas, Gestão Empresarial, Psicologia das Organizações ou equivalente.

4.3 Experiência e habilidades

Três (3) anos ou mais.
Habilidade em liderar pessoas e trabalhar em equipe.
Aptidão para resolver conflitos e lidar com situações imprevistas.
Comunicação e visão sistêmica.

(Figura 4.4 – conclusão)

4.4 Treinamentos e cursos
Técnicas de administração de cargos e salários. Técnicas de recrutamento e seleção.
4.5 Competências do cargo
Planejar as atividades de recrutamento, seleção, treinamento e desenvolvimento. Participar da concepção e do desenvolvimento de novos projetos ou ações envolvendo pessoas, tais como motivação, avaliação por competência, mediação de conflitos, monitoração do clima organizacional etc. Administrar a folha de pagamento: coordenar as atividades relacionadas às rotinas de pagamento de pessoal. Legislação de recursos humanos. Administrar cargos, carreiras e salários: contribuir com recomendações para a definição das políticas de remuneração e benefícios, assegurando o equilíbrio interno das práticas de remuneração. Gestão do desempenho. Elaborar de relatórios gerenciais analíticos sobre a evolução do quadro funcional. Buscar novas práticas e tecnologias aplicáveis à área. Liderar o mapeamento dos processos e capacitar os líderes. Estabelecer fatores críticos de sucesso e medidores de desempenho de cada processo, bem como gerenciá-los.
5. Aprovação
Data da elaboração   Revisto por: Aprovado por:

O que muda na Figura 4.4 em relação à Figura 4.3, além da descrição sumária, é a descrição detalhada das atividades e também as especificações no item 4. Como não há uma regra referente ao preenchimento da descrição de cargos, cada empresa opta pela nomenclatura que mais se adapta a sua realidade. O mais importante é lembrar que, embora sejam utilizadas nomenclaturas diferentes, a metodologia para se chegar à descrição de cargos é a mesma para qualquer organização.

O próximo modelo (Figura 4.5) traz algumas outras informações já estudadas anteriormente, como o código da CBO, além de descrição sucinta e tarefas periódicas.

Figura 4.5 – Modelo de descrição de cargo n. 3

Empresa XLS
Cargo: economista
Local: Financeiro
Código CBO: 2512-05

Descrição sucinta
Analisar o ambiente econômico; elaborar e executar projetos de pesquisa econômica, de mercado e de viabilidade econômica, entre outros; participar do planejamento estratégico e de curto prazo; gerenciar a programação econômico-financeira; atuar na mediação e arbitragem; realizar perícias.

Tarefas periódicas
Analisar o ambiente econômico.
Elaborar e executar projetos (pesquisa econômica, de mercados, viabilidade econômica, entre outros).
Participar do planejamento estratégico e de curto prazo.
Gerenciar a programação econômico-financeira.
Atuar na mediação e arbitragem.
Realizar perícias.
Analisar os dados econômicos e estatísticos coletados por diversas fontes e em diferentes níveis, interpretando seu significado e os fenômenos neles retratados, para decidir a utilização desses dados nas soluções de problemas ou nas políticas a serem adotadas.
Realizar previsões de alterações da procura de bens e serviços, preços, taxas, juros, situação de mercado de trabalho e outros de interesse econômico, servindo-se de pesquisas, análises e dados estatísticos para aconselhar ou propor políticas econômicas adequadas à natureza da instituição nas mencionadas situações.
Elaborar planos, baseando-se nos estudos e nas análises realizados, e em informes coletados sobre os aspectos conjunturais e estruturais da economia.
Utilizar recursos de informática.
Executar outras tarefas de mesma natureza e nível de complexidade associadas ao ambiente organizacional.

Características e conhecimentos exigidos
Boa memória.
Capacidade de análise.
Capacidade de comunicação.
Capacidade de observação.
Espírito de investigação.

(continua)

(Figura 4.5 – conclusão)

Facilidade de expressão. Facilidade em matemática. Gosto pela pesquisa e pelos estudos. Gosto pelo debate. Habilidade para escrever. Habilidade para os negócios. Habilidade para trabalhar em equipe. Interesse em adquirir conhecimentos em diversas áreas. Interesse pela leitura.
Qualificação Curso superior em Ciências Econômicas e registro no Conselho competente; especialização.
Experiência anterior Quatro (4) anos ou mais.
Aprovações
Descrição realizada em:__/__/__   Revisada em:__/__/__
Supervisor imediato

Fonte: Adaptado de Marras, 2000, p. 98.

As características e os conhecimentos exigidos, a qualificação e a experiência anterior também são distribuídos de forma diferente dos modelos mostrados até agora.

A Figura 4.6 ilustra uma descrição para o cargo de analista de recursos humanos. Já no início do modelo, é colocado o nível hierárquico, ou seja, a quem o ocupante se reporta. Na sequência, são relatas as competências para o cargo e em seguida os níveis de responsabilidade e autoridade.

Figura 4.6 – **Modelo de descrição de cargo n. 4**

Cargo: analista de recursos humanos **Setor: Recursos Humanos**
Hierarquia Reporta-se ao gerente de RH.

(continua)

DESCRIÇÃO E ESPECIFICAÇÃO DE CARGOS

(Figura 4.6 – continuação)

Competências Escolaridade: Mínimo exigido – graduação completa em Administração ou Psicologia. Desejável – pós-graduação na área de Gestão de Pessoas ou afins. Experiência: Mínima de 4 (quatro) anos, comprovada em atividades relacionadas à área de Gestão de Pessoas. Treinamento e cursos: Liderança. Rotinas do departamento de pessoal. Pacote *Office* avançado. Habilidades: Liderança. Organização. Flexibilidade. Habilidade em gestão de conflitos. Conscientização para a qualidade. Senso de urgência. Bom relacionamento interpessoal. Comunicação verbal oral e escrita.
Responsabilidades e autoridade Analisar e acompanhar as legislações trabalhista e previdenciária, fazendo as recomendações para a formulação das políticas da instituição na área de Gestão de Pessoas, visando à redução dos conflitos nas relações de trabalho e cumprindo plenamente a legislação trabalhista. Identificar empresas de Treinamento e Desenvolvimento, analisando a adequação das propostas técnicas às necessidades internas, além de sistematizar as necessidades de desenvolvimento para cargos operacionais. Analisar o índice de satisfação com treinamentos e eventos de desenvolvimento. Coordenar e supervisionar as atividades dos setores: departamento de pessoal, recrutamento e seleção, treinamentos, cargos e salários e demais subsistemas. Conduzir o processo de avaliação de desempenho, dando suporte aos gerentes na elaboração de *feedbacks*. Dar suporte à confecção da folha de pagamento da instituição e seus devidos reflexos. Controlar os índices de *turnover* e absenteísmo, analisando cada situação, em conjunto com as demais áreas.

(Figura 4.6 – conclusão)

Acompanhar os casos de alterações de cargos, promoções, transferências, demissões e outros tipos de movimentação de pessoal, observando as normas e os procedimentos aplicáveis, visando contribuir para a tomada de decisões nesses assuntos. Suporte a profissionais internos e a candidatos, no esclarecimento de dúvidas. Auxiliar na elaboração do planejamento anual e na construção do orçamento da área de Recursos Humanos.
Aprovações Descrição realizada em: __/__/__   Revisada em: __/__/__ Elaborado por: Revisado por: _____   _____ Supervisor imediato: _____

Como pudemos observar, o modelo de descrição da Figura 4.6 utiliza a nomenclatura *competências* e não *especificação*, como em alguns modelos anteriores.

O modelo n. 5, retratado na Figura 4.7, é muito parecido com o anterior em relação às nomenclaturas utilizadas, mas objetiva ilustrar um cargo diferente com requisitos diferentes a fim de oferecer a você mais uma opção de descrição.

Figura 4.7 – **Modelo de descrição de cargo n. 5**

Cargo: auxiliar de recursos humanos **Setor: Recursos Humanos**
Hierarquia Reporta-se ao analista de RH.
Competências Escolaridade: Mínimo exigido – ensino médio completo. Desejável – graduação em andamento, em Administração ou Psicologia. Experiência: Mínima de 1 (um) ano comprovada em atividades relacionadas à área de Gestão de Pessoas.

(continua)

(Figura 4.7 – conclusão)

Treinamento e cursos: Pacote Office. Habilidades: Organização. Conscientização para a qualidade. Bom relacionamento interpessoal. Comunicação.
Responsabilidades e autoridade Prestar informações aos funcionários da instituição a respeito de assuntos relacionados ao trabalho. Controlar contratos temporários, substituições ou aumento de quadro de funcionários. Aplicar avaliação de desempenho aos funcionários temporários. Controlar os vencimentos de contrato por experiência e a transferência dos funcionários de setores. Controlar e realizar o contrato de voluntários e encaminhá-lo ao responsável do setor. Controlar os uniformes dos funcionários em todos os departamentos. Receber e relacionar os certificados e diplomas dos funcionários para o histórico de qualificação. Receber e separar por setores a ficha de autorização de horário de trabalho e encaminhá-la ao supervisor. Auxiliar o supervisor encarregado e o analista nas atividades, quando solicitado.
Aprovações
Descrição realizada em: __/__/__   Revisada em: __/__/__ Elaborado por: Revisado por:
Supervisor imediato:

Ao elaborar uma descrição de cargo, a equipe de implementação se depara com uma realidade singular na empresa, e, com base nela, algumas descrições podem parecer diferentes umas das outras. Ao optar pela nomenclatura *responsabilidades e autoridade*, no lugar de *descrição detalhada*, a empresa está dentro de sua realidade organizacional e, dessa forma, sob o ponto de vista prático, a compreensão é facilitada.

4.9 Titulação de cargos

O título a ser atribuído a um cargo deve espelhar as tarefas deste último. Devemos usar preferencialmente um título universal, ou seja, empregado pela maioria das empresas.

Muitas empresas cometem erros na hora de titular um cargo, sobretudo o nível gerencial gera mais confusões. Para efeito de ilustração, o Quadro 4.3 a seguir apresenta alguns exemplos de títulos que devem ser conferidos corretamente aos cargos correspondentes:

Quadro 4.3 – **Titulação de cargos**

Níveis organizacionais	Titulação recomendada
Presidência	Presidente, diretor-geral, diretor superintendente
Diretoria	Diretor (especificar a área)
Superintendência e gerência geral	Superintendente, gerente-geral (especificar a área)
Gerência e coordenação	Gerente (especificar o departamento ou divisão)
Supervisão, analistas e assistentes	Supervisor (especificar o setor, seção etc.)
Analista	(especificar a disciplina ou atividade)
Assistente	(especificar a disciplina ou atividade)
Assistentes e auxiliares	Assistente (especificar a atividade ou tarefa) Auxiliar (especificar a atividade ou tarefa)

A titulação de cargos deve corresponder às atividades descritas, atentando-se sempre para o uso de títulos universais.

4.9.1 Família de cargos

As **famílias de cargos**, que representam funções coordenadas, geralmente são identificadas por uma titulação que retrata com clareza suas finalidades e seus objetivos estratégicos.

O Quadro 4.4 a seguir exemplifica as denominações que podem ser utilizadas para diferenciar os títulos dos cargos.

Quadro 4.4 – Família de cargos: titulação

Analista júnior	Encarregado A	Auxiliar administrativo I
Analista pleno	Encarregado B	Auxiliar administrativo II
Analista sênior	Encarregado C	Auxiliar administrativo III

Fonte: Adaptado de Pontes, 2013, p. 98.

As titulações em famílias de cargo são utilizadas para diferenciar os níveis de complexidade.

4.10 Descrição de cargos: procedimentos gerais

Nosso objetivo nesta seção consiste em consolidar as informações abordadas até agora, de forma que você possa, no momento em que estiver de posse do resultado final do levantamento feito, realizar a leitura e observar se todas as etapas foram cumpridas.

Quadro 4.5 – Procedimentos para descrição de cargos

1. Desenvolver informações preliminares sobre o cargo	Verificar os documentos existentes, para desenvolver uma visão do cargo: sua missão, seus principais deveres ou suas funções-padrão de trabalho. Preparar uma lista preliminar de deveres, a fim de servir como referência para conduzir a entrevista. Anotar os principais itens que ficaram obscuros ou ambíguos, ou ainda, que requerem maiores esclarecimentos.

(continua)

(Quadro 4.5 – conclusão)

2. Conduzir as entrevistas	Localizar o ocupante capaz de proporcionar uma visão global do cargo e seus principais deveres, como o supervisor ou funcionário experiente. O ocupante do cargo deverá ser um funcionário típico que conhece o cargo (nunca um *trainee*, estagiário ou recém-formado). Os entrevistados devem ser experientes ou responsáveis pelo trabalho realizado.
3. Consolidar a informação sobre o cargo	Reunir todas as informações obtidas por meio de diversas fontes em uma descrição compreensiva e coerente do cargo. Um ocupante experiente do cargo deve funcionar como um recurso acessível ao analista de cargos durante a fase de consolidação. Conferir se todos os itens da lista inicial e preliminar de deveres e questões foram respondidos ou confirmados.
4. Verificar a descrição do cargo	A fase de verificação deve ser conduzida em uma situação de grupo. Cópias escritas da descrição do cargo devem ser distribuídas ao supervisor e aos ocupantes do cargo. A finalidade consiste em verificar se a descrição está acurada e completa. O analista deve anotar omissões, ambiguidades e esclarecimentos.

Fonte: Chiavenato, 2010, p. 224.

Após a realização de todos os procedimentos, o setor de recursos humanos obterá dados relevantes não somente no que diz respeito a cargos e salários, mas também como subsídios nos demais processos que podem ser alavancados por meio do mapeamento realizado, assim como recrutamento e seleção, treinamento e desenvolvimento, e tantos outros.

4.10.1 Classificação de cargos

Após a descrição, a especificação e a titulação dos cargos, é chegada a hora de classificá-los. Essa etapa é muito importante, pois refere-se à definição dos grupos ocupacionais da empresa e à realização do enquadramento de acordo com as especificações de cada cargo.

DESCRIÇÃO E ESPECIFICAÇÃO DE CARGOS

Quando existirem cargos com tarefas semelhantes, devemos enquadrá-los de acordo com a natureza da atividade mais importante.

Supondo que os pontos já tenham sido atribuídos (veremos com mais detalhes nos próximos capítulos), a Tabela 4.1 nos mostra um exemplo de classificação de cargos (valores hipotéticos):

Tabela 4.1 – **Exemplo de tabela de classificação de cargos**

Faixa (FX)	Cargos	Pontos obtidos (PTS)	PTS/FX (classificação)
Faixa 1	Office boy	155	155 a 198
Faixa 2	Telefonista	202	199 a 262
	Porteiro	202	
	Auxiliar de escritório	202	
	Auxiliar de contas a pagar	212	
	Auxiliar de crédito e cobrança	212	
	Auxiliar de importação/exportação	212	
	Auxiliar de contabilidade	212	
	Motorista	224	
	Auxiliar de pessoal	232	
	Secretária júnior	232	
Faixa 3	Comprador júnior	263	263 a 346
	Desenhista mecânico	264	
	Motorista de caminhão	265	
	Vendedor pracista	268	
	Expedidor	298	
	Vendedor interno	343	

(continua)

(Tabela 4.1 – conclusão)

Faixa (FX)	Cargos	Pontos obtidos (PTS)	PTS/FX (classificação)
Faixa 4	Encarregado de pessoal	363	347 a 458
	Assistente de importação/exportação	378	
	Assistente de crédito e cobrança	399	
	Programador de produção júnior	410	
	Encarregado de escrita fiscal	410	
	Encarregado de custos	410	
	Secretária executiva	431	
Faixa 5	Encarregado de vendas	467	459 a 605
	Programador	489	
	Desenhista projetista	493	
	Chefe de compras	512	
	Encarregado de montagem	605	
Faixa 6	Chefe de recursos humanos	607	605 a 800
	Contador	644	
	Chefe de projetos	701	
	Chefe de fabricação/montagem	800	

A tabela citada utiliza os termos *faixa* (FX) para classificar trabalhos de natureza semelhante, e *pontos* (PTS) para classificar a importância em relação a atribuição dos pontos. Ou seja: Faixa 1 – cargo: *Office boy* – pontos atribuídos: 155 (explicaremos mais adiante) – classificação: 155 a 198 (a pontuação obedece a um intervalo de 2 pontos de uma faixa para outra).

4.10.2 Catálogo de cargos

O **catálogo de cargos** é a compilação com todas as descrições e especificações dos cargos, ou seja, o catálogo contempla todo o levantamento de cargos existente na empresa e é a última etapa do processo de análise.

4.10.3 Tendências da análise de cargos

Determinado processo produtivo pode permitir uma divisão de funções em vários cargos distintos.

Uma empresa de plotagem, por exemplo, pode conter: um operador de máquina *plotter*, um operador de máquina de corte, um operador de dobra de projetos, um operador de máquina copiadora etc.

Assim, cargos amplos podem ser subdivididos em níveis com especificações diferenciadas e crescentes, de escolaridade e conhecimentos. Esse conceito fortalece o trabalho em equipe e a busca contínua por conhecimentos complementares, pois, dessa forma, os colaboradores poderão passar do nível I para o nível II, e assim por diante. A Figura 4.8 nos mostra como ocorre esse processo.

Figura 4.8 – **Conceito de cargo amplo**

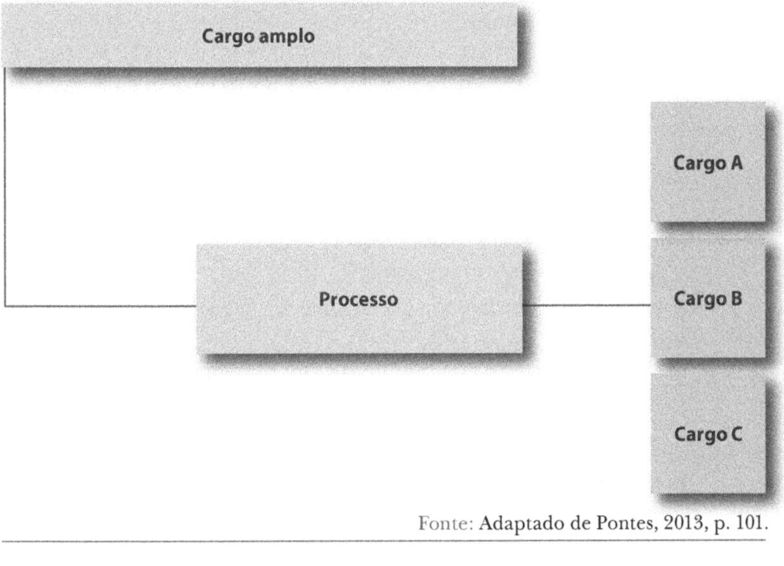

Fonte: Adaptado de Pontes, 2013, p. 101.

A figura apresentada reflete o processo produtivo de uma empresa de plotagem, conforme descrito anteriormente, e os cargos A, B e C são os operadores gerando *inputs* por meio de suas funções para o resultado final.

Síntese
Este capítulo demonstrou a continuidade do processo de coleta de dados, uma vez que, com base nas informações levantadas, se passa ao processo de sintetização dos dados, ou seja, o tratamento aplicado às informações obtidas por meio da descrição dos cargos.

Questões para revisão

1. Sobre a análise de cargos, é correto dizer que estabelecer requisitos de responsabilidade por materiais, esforço visual e mental, esforço físico e instrução são característicos de:

    a) redação sucinta e clara.
    b) cargos administrativos.
    c) descrição sumária.
    d) fatores de especificação.

2. O que é descrição sumária?

3. Descreva os quatro procedimentos para a descrição de cargos.

4. Em que consiste o catálogo de cargos?

5. A descrição do objetivo do cargo substitui:

    a) a descrição detalhada.
    b) a descrição das especificações.
    c) a descrição sumária.
    d) a descrição das atividades.

Questões para reflexão

1. Elabore uma descrição de cargos com base em um cargo de sua preferência.
2. Escolha um cargo executivo e elabore o objetivo dele (missão).
3. Escolha um cargo e elabore uma descrição detalhada sobre ele.
4. Em sua opinião, quais são as especificações necessárias para um cargo de assistente financeiro? Descreva cada uma delas.
5. Em sua opinião, quais são as tarefas que diferenciam um cargo de gerente de vendas e um cargo de supervisor de vendas? Descreva-as.

Para saber mais
Para aprofundar-se ainda mais no tema deste capítulo, leia a obra a seguir.

OLIVEIRA, A. **Manual de descrição de cargos e salários**. 4. ed. São Paulo: Atlas, 2013.
A parte I do livro é bastante abrangente. Nos itens 1 a 6 podem ser obtidas informações complementares aos assuntos estudados até este ponto do texto.

5 Avaliação de cargos

Conteúdos do capítulo:

- Comitê de avaliação de cargos.
- Cargos-chave.
- Organização do processo de avaliação de cargos e treinamento de avaliadores.
- Perfil dos avaliadores.
- Condução de reuniões de avaliação de cargos.
- Padrões de avaliação.
- Aprovação final do especialista.
- Métodos de avaliação de cargos.
- Análise de cargos e métodos tradicionais de avaliação.

Após o estudo deste capítulo, você será capaz de:

1. compreender a importância da avaliação de cargos;
2. distinguir as formas de avaliação;
3. compreender como funcionam as reuniões de avaliação de cargos;
4. explicar a diferença entre os métodos de avaliação de cargos.

No capítulo anterior, estudamos a descrição dos cargos e, a partir desse ponto do texto, abordaremos as avaliações das descrições, etapa em que são estabelecidos valores relativos para cada um deles dentro de uma hierarquia de cargos.

A **avaliação de cargos** é um processo de mensuração que, em última instância, determina quanto vale cada cargo da empresa. Portanto, a avaliação de cargos considera as competências necessárias, sua efetiva utilização e os resultados apresentados pela sua aplicação.

A mensuração das competências necessárias inclui também as dimensões gerenciais, as habilidades humanas e as posturas comportamentais exigidas pelo cargo. As responsabilidades e as complexidades das atribuições também são consideradas na mensuração dos cargos e determinam o grau de competência necessária para que uma pessoa possa apresentar um bom desempenho no cargo.

A avaliação de cargos permite o estabelecimento da estrutura salarial, que determina consistentemente os salários a serem pagos a todos os colaboradores.

Por meio da avaliação de cargos, são estabelecidos **valores** para cada cargo, construindo-se assim uma hierarquia entre eles.

5.1 Comitê de avaliação de cargos

As empresas podem dispor de vários comitês de avaliação de cargos, sendo um para cada grupo ocupacional existente. Essa equipe tem como função tornar as avaliações mais harmoniosas e garantir maior aceitação delas pelos profissionais da empresa.

Um comitê de avaliação é composto pelo gerente de recursos humanos, pelo gerente de remuneração e pelos gerentes de áreas que conheçam os cargos a serem avaliados. No caso da avaliação de um grupo ocupacional gerencial, o comitê deve ser composto pelos diretores.

Para Pontes (2013, p. 173), os principais objetivos do comitê são:

- "garantir a correta hierarquização dos cargos;
- manter critérios uniformes nas avaliações;
- garantir aceitação posterior das avaliações pela participação de indivíduos das diversas áreas da empresa."

Manter a equipe de avaliação produtiva e motivada é um desafio para o coordenador do comitê, pois, se esses fatores não estiverem em sintonia, os membros certamente deixam de comparecer às reuniões.

Para que o comitê possa ter o resultado esperado, a seguir fornecemos algumas recomendações que podem facilitar a coordenação dessas reuniões, segundo Pontes (2013):

- os objetivos das reuniões devem ser claramente definidos;
- deve-se mostrar aos membros do comitê a responsabilidade que eles têm diante das avaliações;
- o coordenador deve enviar antecipadamente o modelo de material com as descrições e solicitar aos participantes que realizem uma avaliação prévia, para que possam discutir diante do comitê;
- deve-se deixar claro que, durante as reuniões, discutir-se-ão apenas os assuntos em pauta, evitando a abordagem de assuntos paralelos e a redução da produtividade;
- deve-se evitar que dois participantes falem ao mesmo tempo;
- o objetivo da reunião é o consenso; se não houver negociação, deve-se optar pelo voto da maioria.

Com isso, o trabalho realizado pelo comitê dará respaldo à aceitação do projeto, por se entender que é uma situação democrática.

5.2 Cargos-chave

Os cargos-chave são selecionados dentro de um mesmo grupo operacional para facilitar o processo de avaliação dos demais cargos, uma vez que se tem uma base para comparação. Os cargos considerados *chave* devem representar toda a estrutura do plano (do mais importante ao menos importante), representar todas as áreas da empresa e ter ocupantes em número significativo.

5.3 Organização do processo de avaliação de cargos e treinamento de avaliadores

A organização de uma reunião de avaliação pode ser realizada de várias formas: pelo tamanho da empresa, pela cultura dos gestores em relação ao processo de administração de cargos e salários, pelo grau de transparência desejado ou por quaisquer objetivos que a empresa tenha em relação ao assunto.

A presença de um especialista ou consultor externo é de grande importância, pois ele contribuirá com informações e conhecimentos, além de mediar todo o processo de avaliação de cargos.

Esse procedimento assegura a correta avaliação dos cargos, evitando que as preferências pessoais distorçam os resultados do trabalho em favor dos gerentes mais "poderosos". Com isso, vemos que o equilíbrio de poder dentro de uma empresa quase nunca é perfeito.

Nos tópicos seguintes, relacionamos algumas formas mais comuns de condução da reunião do processo de avaliação.

5.3.1 Um consultor e um representante de recursos humanos

Em uma reunião de avaliação, com a presença de um consultor e de um representante de recursos humanos, fazem-se sugestões em relação às avaliações, que, posteriormente, serão ajustadas em reunião com os demais gestores e diretores.

Essa forma de trabalho agiliza o processo, mas somente é recomendada em empresas onde são bons os níveis de respeito e confiança.

5.3.2 Um consultor, um representante de recursos humanos e um gerente de cada área

Em uma reunião de avaliação, com a presença de um consultor, um representante de recursos humanos e um gerente de cada área, o procedimento exige respeito e engajamento entre os gestores. Por outro lado, com a participação de um gestor de cada área, o processo se torna mais confortável para todos.

5.3.3 Um consultor, um representante de recursos humanos e os gerentes da comissão de avaliação

Uma reunião de avaliação, com a presença de um consultor, um representante de recursos humanos e os gerentes da comissão de avaliação, é um procedimento muito utilizado em grandes empresas que têm um departamento de RH bem estruturado.

De modo geral, essa forma transmite para os funcionários mais credibilidade em relação ao resultado final das avaliações. Todos os gerentes e diretores participam do processo, mesmo que na forma de rodízio (para viabilizar reuniões eficazes).

5.3.4 Combinando as formas

Os processos mencionados podem ser combinados e utilizados de acordo com as necessidades da empresa. É importante que todos os gestores estejam em sintonia com o processo, pois eles são os mais importantes formadores de opinião dentro da empresa.

5.3.5 Perfil dos avaliadores

Os avaliadores de cargos são pessoas capacitadas, escolhidas especialmente para compor um comitê de avaliação. Do ponto de vista prático, as características a seguir devem ser consideradas fundamentais para que o processo caminhe com sucesso. São elas:

- **flexibilidade** – saber respeitar o ponto de vista das outras pessoas, colocando-se em sua posição;
- **escuta ativa** – compreender o fato de que novas ideias são importantes para o processo; escutá-las com atenção e procurar entendê-las pode ser muito produtivo, além de ampliar o modelo mental;
- **ponderação** – tomar decisões importantes com base em evidências, ou seja, em fatos concretos, é uma característica de pessoas ponderadas;
- **discernimento** – usar o discernimento na escolha de critérios, apoiando-se sempre em evidências claras e objetivas para

fundamentar as escolhas, é uma característica relevante para o avaliador.

É muito importante que os avaliadores incorporem cada uma das características citadas, considerando a complexidade e o nível de responsabilidade que envolve o processo de avaliação.

5.3.6 Condução de reuniões de avaliação de cargos

Após a formação do comitê de avaliação de cargos e a definição dos objetivos de trabalho a ser realizado pelo referido grupo, segue-se o processo de escolha de alguns cargos-chave para a pauta da reunião.

A condução da reunião é realizada por um profissional habilitado (interno ou externo ou ambos) que disponha das características já mencionadas e transmita as informações com a mesma exatidão com que foram coletadas. Manter os assuntos da pauta e as discussões acerca de percepções dentro do contexto de trabalho é um grande desafio.

5.3.7 Padrões de avaliação

A partir de determinado número de avaliações (dentro dos cargos-chave) surgem alguns padrões de avaliação que ajudam a comparar cargos de diferentes áreas de forma mais segura.

Enquanto esses padrões não são desenvolvidos pelo grupo de avaliadores, é importante que o especialista ensine ao grupo o significado de cada avaliação, realizando comparações e dando exemplos concretos de experiências em outras empresas.

5.3.8 Aprovação final do especialista

Após a conclusão dos processos de análise, coleta de dados, classificação e especificação de cargos, cabe à diretoria da empresa a aprovação das avaliações finais, e isso só é possível se todas as etapas do processo estiverem concluídas com êxito.

5.3.9 Métodos de avaliação de cargos

O sistema de avaliação de cargos inclui inúmeras técnicas ou métodos de avaliação. Entre os tradicionais, estão o escalonamento, os graus predeterminados, os pontos e a comparação de fatores.

Podemos classificar os métodos citados em quantitativos e não quantitativos.

O Quadro 5.1 mostra os métodos citados e seus respectivos grupos.

Quadro 5.1 – Métodos tradicionais de avaliação

Métodos não quantitativos	Escalonamento
	Graus predeterminados
Métodos quantitativos	Pontos
	Comparação de fatores

Fonte: Pontes, 2013, p. 175.

Os métodos não quantitativos, apesar da rápida elaboração e de fácil aplicação, não apresentam resultados garantidos. Mesmo assim, podem ser uma boa opção para pequenas empresas, porque envolvem menor número de cargos e baixos custos de implementação.

Os métodos quantitativos oferecem ampla percepção e objetividade. Em contrapartida, demandam maior custo e tempo na implementação.

5.3.10 Métodos tradicionais de avaliação

Segundo Chiavenato (2010, p. 290), "a avaliação de cargos visa à obtenção de dados que permitirão uma conclusão acerca do valor interno relativo de cada cargo na organização, indicando as diferenças essenciais entre os cargos do ponto de vista quantitativo ou qualitativo".

A Figura 5.1 insere os sistemas de avaliação e comparação em três grupos, que se fundamentam nas informações oferecidas pela descrição e análise de cargos baseadas no Quadro 5.1, transcrito anteriormente, tendo como objetivo responder às questões sobre o que, quando, como, onde e por que o ocupante faz.

Dessa forma, existem vários métodos de avaliação de cargos, e todos eles comparam os cargos entre si ou comparam os cargos com alguns critérios (categorias ou fatores de avaliação) tomados como base de referência, conforme observamos na Figura 5.1.

Figura 5.1 – **Sistemas de avaliação e comparação de cargos**

Comparação simples	**Comparação não quantitativa**	**Comparação quantitativa**
Cargo como um todo	Cargo como um todo	Partes do cargo ou fatores de avaliação
Cargo *versus* cargo	Escalonamento de cargos	Comparação por fatores
Cargo *versus* escala	Categorias predeterminadas	Avaliação por pontos

Fonte: Chiavenato, 2010, p. 289.

A figura apresentada exemplifica os métodos de avaliação de cargos sob o ponto de vista da comparação simples, da comparação quantitativa e não quantitativa.

5.3.11 Outros métodos de avaliação de cargos

Além dos mencionados, há métodos não convencionais, cuja preocupação se centra no ocupante do cargo, deixando em segundo plano o cargo em si. Esses métodos referem-se à chamada *curva de maturidade*, utilizada principalmente para pessoal de pesquisa e cientistas e que leva em conta o perfil dos ocupantes do cargo, não ele próprio, e o **sistema de pontos**, um método muito utilizado por empresas brasileiras que será explicado com mais detalhes no Capítulo 7.

5.3.12 Análise de cargos e métodos tradicionais de avaliação

Entre os métodos citados (quantitativos e não quantitativos), as metodologias de elaboração e de execução é diferenciada: os métodos não quantitativos são simples e dispensam relatórios detalhados, enquanto os métodos quantitativos exigem um tratamento minucioso e detalhado das informações, para facilitar o processo de avaliação.

Síntese

Este capítulo objetivou aprofundar os conceitos sobre a avaliação de cargos e mostrar de forma simples e objetiva a estruturas das reuniões e também sua condução até o aval final.

Questões para revisão

1. O que é *análise de cargos*? Explique com suas palavras.

2. Sobre os objetivos do comitê de avaliação de cargos, é correto afirmar que eles são:

    a) Garantir a correta hierarquização dos cargos.
    b) Elevar o *status* das pessoas que compõem o comitê.
    c) Manter critérios uniformes nas avaliações.
    d) Apresentar novas metodologias de realização de avaliação de cargos diferentes das tradicionalmente utilizadas.
    e) Garantir aceitação posterior das avaliações pela participação de indivíduos em diversas áreas.

    Assinale a alternativa que contém as opções corretas.

    I) Estão corretas as opções "a", "b" e "d".
    II) Estão corretas as opções "a", "c" e "e".
    III) Estão corretas as opções "b", "d" e "e".

3. Explique com suas palavras a importância dos cargos-chave.

4. Em relação à organização do processo de avaliação de cargos, é correto afirmar que a frase "é um procedimento muito utilizado em grandes empresas que possuem um departamento de RH bem estruturado" é uma característica de reunião desenvolvida com a presença de:

    a) consultor, um representante de recursos humanos e os gerentes da comissão de avaliação.
    b) consultor e um representante de recursos humanos.
    c) consultor, um representante de recursos humanos e um gerente de cada área.

5. Para que o processo de avaliação de cargos possa ser desenvolvido de maneira clara e eficiente, é importante que os avaliadores

disponham de algumas características profissionais. Assinale a(s) alternativa(s) que corresponde(m) a elas:

a) Escuta ativa.
b) Boas amizades.
c) Rigidez de opinião.
d) Ponderação.
e) Discernimento.
f) Postura séria, firme e imparcial.
g) Flexibilidade.
h) Privilegiar pessoas com as quais tenha mais afinidade.

Questões para reflexão

1. Com suas palavras, explique, de forma resumida, o que entendeu sobre o comitê de avaliação de cargos.

2. Na sua opinião, de que forma devem ser conduzidas as reuniões de avaliação de cargos? Justifique sua resposta.

3. Sobre os métodos de avaliação de cargos, explane com suas palavras o que entendeu sobre os métodos quantitativos e qualitativos.

4. Sobre os métodos qualitativos, cite um exemplo prático.

5. Cite os outros métodos de avaliação de cargos e explique com suas palavras o que entendeu sobre cada um deles.

Para saber mais

Caso queira aprofundar-se no assunto *avaliação de cargos*, sugerimos a leitura das duas obras citadas a seguir:

CHIAVENATO, I. **Gestão de pessoas**: o novo papel dos recursos humanos nas organizações. 3. ed. Rio de Janeiro: Elsevier, 2010.
No Capítulo 9, há informações complementares sobre os assuntos abordados neste capítulo.

PONTES, B. R. **Administração de cargos e salários**: carreiras e remuneração. 16. ed. São Paulo: LTr, 2013.
No Capítulo 7, há informações complementares sobre os assuntos abordados neste capítulo.

6 Avaliação de cargos por métodos não quantitativos

Conteúdos do capítulo:

- Método de escalonamento.
- Escalonamento simples.
- Escalonamento por meio de comparação binária.
- Escalonamento por meio de comparação binária pontuada.
- Método de graus predeterminados.

Após o estudo deste capítulo, você será capaz de:

1. compreender a importância da avaliação de cargos;
2. distinguir as formas de avaliação de cargos;
3. compreender como funcionam as reuniões de avaliação de cargos;
4. explicar a diferença entre os métodos de avaliação de cargos;
5. desenvolver modelos de questionários;
6. elaborar questões para conduzir uma entrevista direta;
7. esboçar questões a serem abordadas em entrevista sobre cargos;
8. explicar métodos mistos ou combinados.

Avaliação de Cargos por Métodos Não Quantitativos

O objetivo da avaliação de cargos é obter dados que possam mensurar as diferenças entre os cargos dos pontos de vista quantitativo e não quantitativo e, consequentemente, determinar o valor de cada um deles dentro da organização.

Neste capítulo, abordamos a avaliação de cargos por meio de métodos não quantitativos, no qual o comitê formado para avaliar os cargos-chave faz uso do método de escalonamento para comparar cada cargo com base nas complexidades, nas responsabilidades e nos requisitos levantados em cada um deles e, consequentemente, colocá-los em uma linha hierárquica, buscando, por consenso, obter o escalonamento determinado por graus (1, 2, 3 etc.).

Veremos também outros métodos de escalonamento. Todos eles contribuem com o mesmo grau de importância para o resultado final das avaliações.

6.1 Método de escalonamento

No método de escalonamento, o sistema mais simples de avaliação de cargos, estes são hierarquizados de acordo com suas dificuldades, responsabilidades e/ou requisitos, e comparados de forma global, influenciados pelos salários atualmente recebidos por seus ocupantes.

Existem duas formas de escalonamento: a simples e a por comparação binária.

6.1.1 Escalonamento simples

No **escalonamento simples**, cada avaliador do comitê analisa de forma individual os cargos-chave (amostrais), escalonando-os um a um. Posteriormente, em uma reunião, cada membro avaliador expõe de forma hierarquizada as análises feitas e juntos chegam a um consenso de escalonamento final.

A Tabela 6.1 representa a análise de cinco cargos operacionais escolhidos como chaves (amostrais) (motosserrista, motorista, carpinteiro, mecânico e almoxarife), realizada isoladamente por três membros do comitê.

Tabela 6.1 – **Escalonamento obtido pelos membros do comitê de avaliação**

Escalonamento (graus)	Escalonamento			
	Avaliador A	Avaliador B	Avaliador C	Consenso
1	Motosserrista	Motorista	Motosserrista	Motosserrista
2	Motorista	Motosserrista	Carpinteiro	Motorista
3	Carpinteiro	Carpinteiro	Motorista	Carpinteiro
4	Mecânico	Mecânico	Mecânico	Mecânico
5	Almoxarife	Almoxarife	Almoxarife	Almoxarife

Fonte: Adaptado de Pontes, 2013, p. 180.

Os cargos descritos na figura apresentada foram escolhidos hipoteticamente como forma de ilustração. Uma vez escolhidos como chave, o comitê fixa o escalonamento e passa à avaliação dos demais cargos pertencentes a esse grupo ocupacional.

6.1.2 Escalonamento por meio de comparação binária

O **escalonamento por meio de comparação binária** consiste na comparação dos cargos-chave em relação aos pares.

Utilizando a tabela de dupla entrada, ilustrada a seguir, com os mesmos cargos-chave, cada membro do comitê realiza a comparação dos cargos das linhas com os cargos das colunas. Identifica o de maior peso e o registra com o sinal (+). Quando este for inferior, é registrado com o sinal (–).

Finalizada a comparação, somam-se os sinais obtidos por cada cargo nas linhas e adiciona-se 1 (um). Após a avaliação individual, chega-se ao consenso.

Tabela 6.2 – **Tabela de dupla entrada para avaliação dos cargos por meio da comparação binária**

Linhas	Colunas							
	Cargos comparados	Almoxarife	Motorista	Carpinteiro	Motosserrista	Mecânico	Adição de 1	Escalonamento
	Almoxarife	x					1	
	Motorista		x				1	
	Carpinteiro			x			1	
	Motosserrista				x		1	
	Mecânico					x	1	

Fonte: Pontes, 2013, p. 181.

Utilizando o exemplo de Pontes (2013, p. 181), observamos que o avaliador A considera que o almoxarife tem mais peso que os demais cargos, e por isso assinalou (+) em todas as colunas, o que, acrescido de 1, teve como resultado o escalonamento 5 para esse cargo. O cargo de motorista foi avaliado com mais peso que o do cargo de motosserrista; então, utilizou-se o sinal (−) nos demais. Nesse caso, somou-se o sinal (+) e adicionou-se 1, resultando no escalonamento 2, e assim sucessivamente.

Da mesma forma, os avaliadores B e C chegaram aos seus escalonamentos individuais e, em seguida, em reunião, os três chegaram ao consenso e obtiveram o escalonamento final.

As Tabelas 6.3, 6.4 e 6.5 a seguir mostram o ponto de vista dos avaliadores, como descritos anteriormente.

Tabela 6.3 – **Avaliador A**

Cargos comparados	Almoxarife	Motorista	Carpinteiro	Motosserrista	Mecânico	Adição de 1	Escalonamento
Almoxarife	×	+	+	+	+	+1	5
Motorista	–	×	–	+	–	+1	2
Carpinteiro	–	+	×	+	–	+1	3
Motosserrista	–	–	–	×	–	+1	1
Mecânico	–	+	+	+	×	+1	4

Fonte: Pontes, 2013, p. 182.

Tabela 6.4 – **Avaliador B**

Cargos comparados	Almoxarife	Motorista	Carpinteiro	Motosserrista	Mecânico	Adição de 1	Escalonamento
Almoxarife	×	+	+	+	+	+1	5
Motorista	–	×	–	–	–	+1	1
Carpinteiro	–	+	×	+	–	+1	3
Motosserrista	–	+	–	×	–	+1	2
Mecânico	–	+	+	+	×	+1	4

Fonte: Pontes, 2013, p. 182.

Tabela 6.5 – **Avaliador C**

Cargos comparados	Almoxarife	Motorista	Carpinteiro	Motosserrista	Mecânico	Adição de 1	Escalonamento
Almoxarife	×	+	+	+	+	+1	5
Motorista	–	×	+	+	–	+1	3
Carpinteiro	–	–	×	+	–	+1	2
Motosserrista	–	–	–	×	–	+1	1
Mecânico	–	+	+	+	×	+1	4

Fonte: Pontes, 2013, p. 183.

Por fim, a Tabela 6.6 mostra o consenso a que chegou o comitê de avaliação.

Tabela 6.6 – **Consenso do comitê**

Cargos comparados	Almoxarife	Motorista	Carpinteiro	Motosserrista	Mecânico	Adição de 1	Escalonamento
Almoxarife	×	+	+	+	+	+1	5
Motorista	–	×	–	+	–	+1	2
Carpinteiro	–	+	×	+	–	+1	3
Motosserrista	–	–	–	×	–	+1	1
Mecânico	–	+	+	+	×	+1	4

Fonte: Pontes, 2013, p. 183.

Após o escalonamento final, como mostra a Tabela 6.6, os demais cargos passam a ser comparados pelo método simples, sendo posicionados em cada um dos graus.

6.1.3 Escalonamento por meio de comparação binária pontuada

No método de escalonamento por meio de comparação binária pontuada, são atribuídos os sinais (+), (-) e (=). A contagem dos pontos é mostrada na Tabela 6.7 a seguir.

Tabela 6.7 – **Atribuição de sinais e pontos**

Comparação entre os cargos	Sinal	Pontos
Quando o cargo é mais importante àquele comparado	+	2
Quando o cargo é igual àquele comparado	=	1
Quando o cargo é menos importante àquele comparado	–	0

Fonte: Pontes, 2013, p. 184.

A Tabela 6.8 exemplifica a aplicação desse método.

Tabela 6.8 – **Avaliação de cargos: método – escalonamento por comparação binária pontuada**

Cargos comparados	Auxiliar de pessoal	Auxiliar de contabilidade	Analista de contabilidade pleno	Analista de RH pleno	Analista de sistemas pleno	Pontos	Escalonamento
Auxiliar de pessoal	×	=	–	–	–	1	1
Auxiliar de contabilidade	=	×	–	–	–	1	1
Analista de contabilidade pleno	+	+	×	=	–	5	2
Analista de RH pleno	+	+	=	×	–	5	2
Analista de sistemas pleno	+	+	+	+	×	8	3

Fonte: Pontes, 2013, p. 184.

Podemos interpretar a tabela apresentada anteriormente da seguinte maneira: a avaliação do cargo de auxiliar de pessoal recebeu 1 ponto, assim como o cargo de auxiliar de contabilidade. O cargo de analista de RH pleno, por exemplo, teve duas avaliações (+), uma (=) e uma (−), resultando em 5 pontos.

Essa metodologia obterá melhores resultados se a escolha dos cargos-chave apresentar pouca propensão a número de empates (=) na avaliação.

O método de escalonamento por meio da comparação binária, tanto quanto o da comparação binária pontuada, é chamado de *método quantitativo de avaliação* em razão de fornecer apenas informações de escalonamento sobre a importância de um cargo em relação a outros, e não sobre os demais critérios de distinção entre um e outro.

6.2 Método de graus predeterminados

Este método é bastante objetivo e fornece uma visão ampla a respeito da importância de um cargo em relação a outro, mas recorre a uma metodologia imprecisa. A análise parte do princípio de que os graus já estão preestabelecidos e, a partir disso, elabora-se uma tabela de graus com base na complexidade das tarefas, em ordem crescente, tais como: grau I, grau II e assim por diante. Em seguida, são analisados os cargos, buscando-se a identificação do conteúdo do grau com as especificações percebidas pelo cargo, como nos exemplos a seguir.

- Grau I – tarefas repetitivas:
  - não requerem nível de graduação;
  - não requerem experiência.
- Grau IV – tarefas com elevado nível de complexidade:
  - requerem pós-graduação;
  - requerem experiência de 10 anos na função.

Os exemplos descritos nos graus I e IV são apenas hipotéticos e podem ser complementados de acordo com o interesse da empresa.

O Quadro 6.1, baseado na obra de Pontes (2013, p. 186), ilustra de forma prática a definição dos graus predeterminados citados no tópico anterior.

Quadro 6.1 – **Definições dos graus predeterminados: plano administrativo**

Plano administrativo
Grau I Tarefas repetitivas e que não apresentam dificuldades para o funcionário. As responsabilidades são quase inexistentes. Recebe supervisão constante, instruções detalhadas e acompanhamento para a execução das tarefas. Não é exigida experiência anterior.
Grau II Tarefas rotineiras executadas com base em procedimentos bem definidos. Requer familiarização com o computador. Requer familiarização com processos burocráticos e maquinário de escritório. Recebe supervisão direta, instruções detalhadas e orientação. É exigida experiência de aproximadamente 6 meses.
Grau III Tarefas variadas, mas rotineiras, que envolvem a aplicação de procedimentos padronizados. Recebe supervisão direta e acompanhamento na execução das tarefas mais difíceis. As tarefas são conferidas em sua conclusão. É exigida experiência de 1 a 2 anos.
Grau IV Tarefas variadas e com padrões de especialização, que envolvem a aplicação de procedimentos administrativos pouco diversificados. Recebe supervisão direta e orientação para a solução de situações mais difíceis. É exigida experiência de 3 a 4 anos.
Grau V Tarefas qualificadas que envolvem seleção e aplicação de procedimentos administrativos diversificados. Recebe supervisão indireta e mais voltada a problemas inusitados. É exigida experiência de 5 a 7 anos.
Grau VI Tarefas especializadas, regidas pelo conhecimento formal de práticas administrativas amplas. Recebe supervisão geral em trabalhos que envolvem planejamento, organização e pesquisa. Orienta a equipe na execução de trabalhos especializados. É exigida experiência de 8 a 10 anos.

(continua)

(Quadro 6.1 – conclusão)

Grau VII
Tarefas especializadas e que implicam a responsabilidade de planejar, organizar e/ou conduzir equipes.
Recebe diretrizes gerais.
Cargos que exigem formação superior, além de cursos de especialização em sua área de atuação.
É exigida experiência superior a 10 anos.

Fonte: Pontes, 2013, p. 186.

Vale lembrar que o quadros apresentados são apenas ilustrativos e que as definições que os acompanham podem sofrer modificações de acordo com os interesses de cada organização.

O Quadro 6.2, assim como o anterior, exemplifica as definições dos graus predeterminados, entretanto, a diferença está no grupo ocupacional ao qual os graus são atribuídos.

Quadro 6.2 – **Definições dos graus predeterminados: plano técnico**

Plano técnico

Grau I
Tarefas padronizadas que exigem aplicação de técnicas elementares.
A supervisão recebida é direta e as tarefas são revisadas em detalhes.
Não é exigida experiência anterior.

Grau II
Tarefas semirrotineiras que exigem aplicação de técnicas elementares.
Recebe supervisão direta, porém, mais ampla; a orientação é mais detalhada apenas em novas atividades; as tarefas são revisadas em fases predeterminadas.
É exigida experiência de aproximadamente 2 anos.

Grau III
Tarefas especializadas, que exigem aplicação de técnicas convencionais.
O ocupante do cargo toma decisões, entre alternativas conhecidas.
Recebe supervisão para a solução de problemas não conhecidos; as tarefas são revisadas em sua conclusão.
É exigida experiência de 4 anos.

(continua)

(Quadro 6.2 – conclusão)

Grau IV
Tarefas especializadas, com partes complexas, que exigem sólidos conhecimentos técnicos.
O ocupante do cargo toma decisões que envolvem problemas pouco comuns.
Recebe supervisão geral.
É exigida experiência de 7 anos.

Grau V
Tarefas especializadas, com partes complexas, que exigem conhecimentos técnicos globais e sólidos da especialidade.
O ocupante do cargo toma decisões que envolvem análises de técnicas novas.
Recebe supervisão geral.
O trabalho é revisado em nível geral.
Pode orientar o trabalho de uma equipe de técnicos.
É exigida experiência superior a 9 anos.

Fonte: Pontes, 2013, p. 189.

Assim, cabe aos avaliadores do comitê escalonar os cargos-chave dentro dos graus estabelecidos e, a partir das planilhas preenchidas, colocam-se todos os cargos e os graus atribuídos por cada avaliador em uma tabela chamada *régua de avaliação*, o que resulta no escalonamento final (consenso), conforme exemplo a seguir, do Quadro 6.3.

Quadro 6.3 – **Exemplo de avaliação de cargos pelo método de graus predeterminados**

Cargos	Enquadramento dos cargos nos graus pelos membros do Comitê de Avaliação				
	Avaliador A	Avaliador B	Avaliador C	Avaliador D	Consenso
Auxiliar de RH	Grau I	Grau I	Grau I	Grau I	Grau I
Assistente de RH	Grau II	Grau III	Grau II	Grau II	Grau II
Analista de RH	Grau III	Grau VI	Grau VI	Grau VI	Grau VI
Supervisor de RH	Grau VI	Grau V	Grau V	Grau V	Grau V
Gerente de RH	Grau VII	Grau VI	Grau VI	Grau VI	Grau VI

Fonte: Pontes, 2013, p. 189.

O exemplo anterior ilustra de forma prática a junção de todas as avaliações feitas e como são distribuídas as informações até que se chegue ao resultado final definido em consenso.

Síntese

A avaliação de cargos, como já vimos, é um processo que envolve muito estudo, tanto teórico como prático. Quando falamos em *métodos quantitativos* e *não quantitativos*, o assunto toma uma nova forma, e as arestas vão sendo aparadas. Os métodos citados neste capítulo fornecem subsídios para o processo de avaliação de cargos, proporcionando a você o acesso a metodologias que podem auxiliar de forma eficaz o desenrolar da implementação do processo.

Questões para revisão

1. O que é escalonamento simples? De que forma é feita a avaliação pelo comitê?
2. Explique em que consiste o método de graus predeterminados.
3. Dentro do plano administrativo, em que consiste o grau V?
4. Leia com atenção os itens a seguir:
   - Tarefas especializadas que exigem aplicação de técnicas convencionais.
   - O ocupante do cargo toma decisões entre alternativas conhecidas.
   - Recebe supervisão para a solução de problemas não conhecidos. As tarefas são revisadas no final.
   - É exigida experiência de 4 anos.

   Nos exemplos mostrados no tópico de métodos de escalonamento por graus predeterminados, os itens transcritos constam no plano técnico. A que grau eles se referem?
   a) II
   b) III
   c) IV
   d) V
   e) VI

5. O método de escalonamento pelo qual os cargos são comparados aos pares é de:

   a) escalonamento simples.
   b) comparação binária pontuada.
   c) comparação binária.
   d) graus predeterminados.

Questões para reflexão

1. Segundo o método de escalonamento simples, forme um comitê de avaliação com dois colegas para avaliação dos seguintes cargos: estoquista, auxiliar de estoque, entregador e motorista.

   Instruções:

   a) Descreva as funções de cada cargo (que o grupo considerar interessantes; discuta e elabore-as de acordo com o conhecimento de cada um dos integrantes).
   b) De posse da descrição das funções, cada avaliador deve montar sua tabela de avaliação.
   c) Agora, unifique a tabela de escalonamento até chegar ao consenso.
   d) Utilizando os mesmos cargos, cada avaliador deve montar uma tabela avaliando em que grau cada um desses cargos se encontra (*vide* exemplos do capítulo – graus predeterminados).
   e) Unifique as tabelas e chegue ao consenso pelo método de graus predeterminados.

Para saber mais

Para aprofundar-se mais sobre a avaliação de cargos, sugerimos a leitura de dois textos indicados a seguir. Em relação à obra de Pontes, recomendamos o conteúdo do Capítulo 7.

LOPES, K. **Gestão ou administração de cargos**. Disponível em: <http://keilla lopes.files.wordpress.com/2011/04/aula-completa-sobre-gestc3a3o-de-cargos.pdf >. Acesso em: 14 fev. 2014.

PONTES, B. R. **Administração de cargos e salários**: carreiras e remuneração. 16. ed. São Paulo: LTr, 2013.

7 Avaliação de cargos por métodos quantitativos

Conteúdos do capítulo:

- Método por pontos.
- Manual de avaliação de cargos.
- Montagem da tabela de avaliação.
- Orientações para a construção de uma tabela.
- Avaliação dos cargos-chave.

Após o estudo deste capítulo, você será capaz de:

1. compreender a importância do uso de métodos quantitativos;
2. diferenciar os métodos mediante a compreensão de utilização de cada um deles;
3. entender a importância da escolha dos cargos-chave;
4. aprofundar o conteúdo sobre fatores de avaliação estudados anteriormente, compreendendo de forma ampla sua importância;
5. elaborar um manual de avaliação de cargos;
6. construir uma tabela de avaliação;
7. compreender a importância da estatística no processo de avaliação de cargos.

Os dados quantitativos estão presentes no dia a dia das organizações e inúmeras decisões são tomadas por meio deles.

O tratamento quantitativo a que se submete a avaliação de cargos também é um norteador de decisões, e os métodos apresentados neste capítulo influenciam fortemente as ações dos profissionais envolvidos na administração de um plano de cargos e salários.

Alguns termos técnicos serão utilizados, e as definições serão disponibilizadas conforme necessário.

7.1 Método por pontos

Desenvolvido por Merril R. Lott (1986, citado por Pontes, 2013, p. 199), o **método por pontos** "consiste em avaliar os cargos, atribuindo pontos com base na descrição dos fatores, com níveis de dificuldade crescente". Esse é o método mais conhecido e utilizado pelas empresas no mundo todo por ser objetivo, analítico, preciso, de fácil aplicação e com ótima aceitação por parte dos colaboradores.

Ainda segundo Pontes (2013, p. 199), devem ser selecionados para avaliação os fatores que sejam comuns à maioria dos cargos de determinado grupo ocupacional e que, ao mesmo tempo, mostrem as peculiaridades de cada um deles.

* Por serem comuns à maioria dos cargos, alguns fatores, ainda que obrigatórios, apresentam diferentes graus de exigência. Os fatores servem como "réguas" que mensuram as múltiplas facetas de cada cargo.

Nos tópicos seguintes, explicamos as etapas desse processo.

7.1.1 Seleção dos cargos-chave

Como explicamos anteriormente, cada grupo ocupacional possui determinado número de cargos. Com base nesse dado, selecionam-se cerca de

20% dos cargos de um mesmo grupo, percentual utilizado como amostra. Por meio desses cargos amostrais, os quais denominamos *cargos-chave*, viabiliza-se o processo de avaliação.

Para que a avaliação seja positiva, é importante verificar se os cargos amostrais representam toda a estrutura do plano e se abrangem todas as áreas da empresa.

7.1.2 Seleção dos fatores de avaliação

A **escolha dos fatores** é de suma importância, pois, como afirmamos, esses elementos devem evidenciar as peculiaridades de cada cargo. Alguns fatores, como instrução e experiência, são incluídos automaticamente em quase todos os cargos, pois pertencem à maioria deles.

Recomendamos que se trabalhe, inicialmente, com um número entre 8 e 12 fatores, pois alguns podem ser eliminados por meio da ponderação estatística do manual de avaliação (Seção 7.2). É esse processo que define as subdivisões das áreas (mental, física, de responsabilidade e de condições de trabalho), conforme vimos anteriormente na Seção 2.6.

7.1.3 Graduação dos fatores de avaliação

A **graduação dos fatores de avaliação** determina a extensão da mensuração do fator; por meio dessa atividade, podem ser avaliadas as diferentes exigências de cada cargo.

Ao criar uma estrutura hierárquica, torna-se mais fácil a definição dos graus de cada fator. Por meio da hierarquização, é possível agrupar cargos com especificações similares e, com base nesse processo, atribuir a eles o número do grau.

O Quadro 7.1 a seguir exemplifica alguns cargos-chave baseados no fator *instrução*.

Quadro 7.1 – Exemplo para definição e graduação de um fator de avaliação

Parte 1	Escalonamento dos cargos-chave no fator instrução	Parte 2	Definição e graduação do fator instrução
Escalonamento	Cargo/instrução	Grau	Descrição
5	Analista de RH sênior: graduação em Administração e pós-graduação em Gestão de Pessoas.	E	Graduação completa; Pós-graduação completa.
4	Analista de RH pleno: graduação em Administração, cursando pós-graduação em Gestão de Pessoas.	D	Graduação completa; Cursando pós-graduação.
3	Analista contábil júnior: graduação em Ciências Contábeis ou Administração.	C	Graduação completa.
2	Assistente contábil: curso de técnico contábil.	B	Curso técnico completo.
1	Recepcionista: ensino médio.	A	Ensino médio completo.

Fonte: Adaptado de Chiavenato, 2010; Pontes, 2002.

O escalonamento dos cargos-chave descritos na parte 1 da figura é representado pelos números (1 a 5), e na parte 2 consta a definição e graduação do fator escolhido (instrução). Se observarmos com atenção, poderemos compreender que o grau (letras A-E) foi atribuído com base no escalonamento feito na parte 1, conforme explicitado a seguir.

1. Recepcionista – *ensino médio* – Grau A.
2. Assistente contábil – *curso técnico contábil* – Grau B.
3. Analista contábil – *graduação em Ciências Contábeis ou Administração* – Grau C.

4. Analista de RH pleno – *graduação em Administração, cursando pós-graduação em Gestão de pessoas* – Grau D.
5. Analista de RH sênior – *graduação em Administração, com pós-graduação em Gestão de pessoas* – Grau E.

7.2 Manual de avaliação de cargos

Para Carvalho, Nascimento e Serafim (2011), o **manual de avaliação de cargos** é o instrumento de comparação de todos os cargos existentes em uma empresa e tem o objetivo de estabelecer as características que tornam os cargos equivalentes e, da mesma forma, o que os torna diferentes.

Os fatores utilizados para a elaboração do manual são identificados na fase de análise de cargos e, uma vez escolhidos, deve-se definir claramente o que ele deseja mensurar e também definir o número de graus para cada fator, bem como sua respectiva explicação sobre o que o cargo exige em cada grau, discriminando as diferenças entre um grau e outro. Recomendamos que seja utilizado um número de fatores entre 8 e 12, pois um número abaixo de 8 não proporcionará um bom resultado, assim como um número acima de 12 poderá produzir um resultado pouco preciso.

Um manual de descrição de cargos deve ser flexível, dinâmico e constantemente atualizado.

Os quadros a seguir, retratados sob a perspectiva dos autores Carvalho, Nascimento e Serafim (2011) e Pontes (2002), representam os fatores escolhidos na elaboração do manual; a diferenciação que vemos entre eles retrata os objetivos estabelecidos pela realidade de cada organização.

Quadro 7.2 – **Fatores considerados na elaboração do manual de avaliação de cargos: exemplo 1**

	Modelo de manual de avaliação de cargos
1	Formação – níveis de escolaridade
2	Treinamento (aperfeiçoamento/desenvolvimento)
3	Experiência atual

(continua)

(Quadro 7.2 – conclusão)

4	Experiência anterior
5	Resolução de problemas
6	Responsabilidade analítica
7	Responsabilidade por contatos
8	Responsabilidade por número de subordinados
9	Responsabilidade por folha de pagamento

Fonte: Adaptado de Carvalho; Nascimento; Serafim, 2011, p. 30.

O Quadro 7.3, representado a seguir, exemplifica um modelo de avaliação de cargos com alguns fatores de exigência diferentes do Quadro 7.2.

Quadro 7.3 – **Fatores considerados na elaboração do manual de avaliação de cargos: exemplo 2**

	Modelo de manual de avaliação de cargos
1	Formação – níveis de escolaridade
2	Experiência
3	Iniciativa/complexidade
4	Responsabilidade por valores
5	Responsabilidade por supervisão exercida
6	Responsabilidade por erros
7	Responsabilidade por dados confidenciais
8	Responsabilidade por contatos
9	Esforço mental e visual

Fonte: Adaptado de Pontes, 2002, p. 186.

O Quadro 7.4 a seguir exemplifica de maneira detalhada os nove fatores descritos por Pontes (2002) no Quadro 7.3 e seus respectivos graus e pontos (hipotéticos).

Quadro 7.4 – **Exemplo de manual de avaliação de cargos administrativos**

1. Instrução/ formação	Este fator avalia conhecimentos básicos necessários ao exercício do cargo; é expresso em termos de escolaridade.	
Graus	Descrição	Pontos
A	Quarta série do ensino fundamental	20
B	Ensino fundamental completo	33
C	Ensino médio incompleto/cursando	47
D	Ensino médio completo	60
E	Curso superior incompleto	73
F	Curso superior completo	87
G	Curso superior completo e curso de pós-graduação	100
2. Experiência	Este fator avalia o tempo necessário ao desempenho satisfatório do cargo, considerando que o ocupante possua os conhecimentos requeridos e avaliados sob o fator instrução.	
Graus	Descrição	Pontos
A	Até 6 meses	20
B	De 6 a 12 meses no exercício do próprio cargo	33
C	De 1 a 2 anos no exercício do próprio cargo	47
D	De 2 a 4 anos no exercício do próprio cargo	60
E	De 4 a 6 anos no exercício do próprio cargo	73
F	De 6 a 8 anos no exercício do próprio cargo	87
G	Acima de 8 anos no exercício do próprio cargo	100

(continua)

(Quadro 7.4 – continuação)

3. Iniciativa/ complexidade	Este fator se refere à habilidade necessária para agir em situações novas, sem instruções específicas, incluindo os vários graus de decisão, desde a mais simples e rotineira até a que apresenta grandes dificuldades. São consideradas a complexidade das tarefas, a extensão e a minúcia das instruções recebidas, por escrito ou oralmente.	
Graus	Descrição	Pontos
A	As atividades são realizadas sob orientação do supervisor ou com instruções completamente detalhadas. Processos padronizados, não possibilitando mudanças no método e exigindo relatórios de todo tipo de problema ao superior.	15
B	Tarefas rotineiras realizadas sob constante orientação do supervisor. O ocupante do cargo decide sobre alternativas de fáceis escolhas.	30
C	Tarefas semirrotineiras, de alguma complexidade, que obedecem a processos padronizados ou a métodos compreensíveis. Exige certo nível de discernimento para realizar variações dentro de limites prescritos.	45
D	Planejamento e execução de tarefas complexas, nas quais somente instruções generalizadas estão disponíveis. Discernimento, ação independente e julgamento são frequentemente requeridos para a avaliação de situações e a recomendação de ações.	60

(Quadro 7.4 – continuação)

E	Planejamento e/ou execução de trabalhos complexos, que exigem solução de problemas com relação aos quais não existe padrão preestabelecido; necessita interpretação de resultados e decisão de questões que implicam alto grau de responsabilidade.	75
4. Responsabilidade por valores	**Este fator se destina a dimensionar a responsabilidade exigida para guardar ou manipular valores (títulos negociáveis, notas promissórias, duplicatas, cheques e dinheiro).**	
Graus	Descrição	Pontos
A	Não tem responsabilidade por valores.	8
B	Tem responsabilidade por valores, cuja probabilidade de perda ou extravio não exceda um valor mínimo determinado pela empresa.	16
C	Tem responsabilidade por valores, cuja probabilidade de perda ou extravio não exceda um valor mínimo determinado pela empresa.	24
D	Tem responsabilidade por valores, cuja probabilidade de perda ou extravio não exceda um valor mínimo determinado pela empresa.	32
E	Tem responsabilidade por valores, cuja probabilidade de perda ou extravio não exceda um valor mínimo determinado pela empresa.	40
5. Responsabilidade por supervisão exercida	**Este fator avalia a natureza da supervisão exercida.**	
Graus	Descrição	Pontos
A	O trabalho não envolve supervisão de subordinados.	8

(Quadro 7.4 – continuação)

Graus	Descrição	Pontos
B	O trabalho envolve supervisão de subordinados que executam tarefas simples e rotineiras.	19
C	O trabalho envolve supervisão de subordinados que executam tarefas de moderada complexidade.	29
D	O trabalho envolve supervisão de subordinados que executam tarefas complexas e de natureza especializada e variada.	40
6. Responsabilidade por erros	**Este fator considera a frequência e a possibilidade de ocorrência de erros que podem causar perdas para a empresa.**	
Graus	Descrição	Pontos
A	O trabalho exige atenção e exatidão normais, e a influência de erros nos custos é mínima.	10
B	O trabalho exige atenção e exatidão razoáveis, para evitar erros que possam causar influência moderada nos custos.	23
C	O trabalho exige considerável atenção e exatidão, para evitar erros que possam causar influência considerável nos custos.	37
D	O trabalho exige atenção e exatidão elevadas, para evitar erros em decisões que envolvam lucros ou perdas. Um erro pode causar grandes perdas financeiras.	50
7. Responsabilidade por dados confidenciais	**Este fator avalia o trabalho que envolve o acesso a assuntos confidenciais da empresa e os efeitos internos e/ou externos que a divulgação inadvertida destes causaria.**	
Graus	Descrição	Pontos
A	O trabalho não proporciona acesso a informações consideradas confidenciais.	18

(Quadro 7.4 – continuação)

B	O trabalho proporciona acesso a assuntos confidenciais e exige discrição, muito embora as consequências da divulgação sejam de importância reduzida.	14
C	O trabalho proporciona acesso a dados e informações considerados confidenciais e exige cuidados normais para evitar sua divulgação, que, se concretizada, poderá causar embaraços inconvenientes e até prejuízos financeiros para a empresa.	22
D	O cargo proporciona acesso a planos e objetivos de assuntos considerados estritamente confidenciais, que, se forem divulgados, poderão causar sérios problemas à empresa. Discrição e integridade são requisitos essenciais ao cargo.	30
8. Responsabilidade por contatos	Este fator avalia a responsabilidade por contatos internos e/ou externos, necessários ao desenvolvimento dos trabalhos. Devem ser considerados os objetivos dos contatos, analisando-se se eles visam somente obter ou fornecer informações ou se envolvem a habilidade para influenciar outras pessoas.	
Graus	Descrição	Pontos
A	Contatos pessoais limitados a assuntos de rotina, fornecendo e obtendo informações necessárias para a execução do trabalho.	8
B	Contatos regulares com outros departamentos para fornecer ou obter informações. Requer tato para evitar interpretações erradas.	19
C	Contatos frequentes, internos e/ou externos, que requerem tato, discernimento e certo grau de persuasão.	29

(Quadro 7.4 – conclusão)

D	Contatos repetidos que envolvam estratégia, senso de oportunidade e capacidade de transmitir ideias, para divulgação de planos que necessitam da adesão de outros para a obtenção de resultados positivos.	40
9. Esforço mental e visual	Este fator considera o grau de concentração mental e esforço visual exigidos do ocupante do cargo.	
Graus	Descrição	Pontos
A	É exigido um mínimo de esforço mental e/ou visual.	5
B	É exigido esforço mental e/ou visual em períodos do trabalho. Há períodos de descanso relativo.	15
C	É exigido alto grau de esforço mental e/ou visual, de forma repetitiva.	25

Fonte: Adaptado de Pontes, 2002, p. 192.

O modelo apresentado foi elaborado com base em nove fatores de especificação comumente utilizados pelas organizações. Conforme vimos anteriormente neste capítulo, o número de fatores avaliados pode ser alterado tanto para mais como para menos.

A Tabela 7.1 foi elaborada com base nos fatores de especificação. Entretanto, neste modelo, as pontuações correspondem aos níveis avaliados para cada fator.

Tabela 7.1 – **Pontuação dos fatores de avaliação de cargos**

Fatores	1º nível	2º nível	3º nível	4º nível	5º nível
Competências e habilidades					
1. Educação	14	28	42	56	70
2. Experiência	22	44	66	88	110
3. Iniciativa	14	28	42	56	70

(continua)

(Tabela 7.1 – conclusão)

Fatores	1º nível	2º nível	3º nível	4º nível	5º nível
Esforço					
4. Esforço físico	5	10	15	20	25
5. Demanda mental	5	10	15	20	25
Responsabilidade					
6. Equipamentos e materiais	5	10	15	20	25
7. Segurança de outros	5	10	15	20	25
8. Trabalho de outros	5	10	15	20	25
Ambiente de trabalho					
9. Condições de trabalho	10	20	30	40	50
10. Riscos inevitáveis	5	10	15	20	25
Relacionamento					
11. Com os colegas	5	10	15	20	25
12. Com a chefia	10	20	30	40	50

Fonte: Lacombe, 2011, p. 186.

Se escolhermos o fator *experiência* descrito na Tabela 7.1 e o transcrevermos em níveis, atribuindo-lhes os pontos aos quais equivalem a cada um desses níveis, teremos o seguinte resultado:

- 1º nível: mínimo de 1 ano – 22 pontos.
- 2º nível: mínimo de 3 anos – 44 pontos.
- 3º nível: mínimo de 5 anos – 66 pontos.
- 4º nível: mínimo de 8 anos – 88 pontos.
- 5º nível: mínimo de 10 anos – 110 pontos.

7.3 Montagem da tabela de avaliação

Depois de elaborado o manual de avaliação de cargos, atribuímos um valor numérico a cada fator e aos graus.

Assim, criamos uma tabela de avaliação de cargos e fixamos o peso percentual com que cada fator contribui para o total do valor do cargo (100%), e o valor, em pontos, para cada um dos graus de cada fator.

Essa tabela pode ser feita de duas formas: via consenso do comitê e por meio de ponderação estatística.

7.3.1 Via consenso do comitê

Essa metodologia, ainda que simples, revela-se insegura. É utilizada geralmente em função da insuficiência de conhecimentos técnicos, ou quando a amostra não atinge o número de 30 cargos, o que compromete a confiabilidade do resultado estatístico.

7.3.2 Por meio de ponderação estatística

Esse método requer a utilização de *softwares* específicos para a realização de cálculos de regressão simples e múltipla dos fatores e graus. Para a construção da tabela, será necessária a utilização dos seguintes indicadores:

- coeficiente de regressão simples;
- coeficiente de regressão múltipla;
- índice de desvio-padrão (s);
- coeficiente de correlação (r).

O cálculo do valor numérico de cada grau da tabela ocorre após serem encontrados os pesos percentuais de cada fator.

Depois da identificação da extensão da pontuação a ser trabalhada, determinamos o valor percentual de cada grau do fator. Nesse caso, partimos da ideia de que tais números são temporários, pois ainda não foram concluídas todas as etapas do plano de cargos e salários.

7.3.2.1 Exemplos

Inicialmente, vamos trabalhar com uma pontuação hipotética entre 88 e 1.061 pontos. Agora, lançamos a pontuação nos graus dos fatores, em percentuais. O índice de valor varia a cada grau, por exemplo, 10% de 88, ou 10% de 500, mas o resultado continuará sendo 10%. Dessa forma, trabalharemos com um valor de pontos hipotéticos mencionados anteriormente e, ao final, definiremos o número de pontos oficial aprovado.

Pontos:
Inicial: 88 ⟶ Final: 1.061

Se o peso do fator escolhido (*instrução*) for de 20%, então o valor desse fator, em relação ao total de pontos do programa, equivale a:

[(20 × 88) / 100] = 17,60 pontos
[(20 × 1061) / 100] = 212,00 pontos

Nesse caso, concluímos que o menor valor, em pontos, do fator escolhido (*instrução*) vale 17,60 pontos, e o máximo, 212,00. Agora, resta definir os pontos intermediários, supondo que foi definido um total de 4 graus para esse fator.

Distribuição pela fórmula da progressão aritmética

Antes de iniciarmos os cálculos, vejamos os significados das letras utilizadas no exercício a seguir.

- q = razão
- a_n = último termo
- a_1 = primeiro termo
- n = número de termos a interpolar

Progressão aritmética – exemplo:
primeiro termo ➤ 2 (+2) = 4 (+2) = 6 (+2) = 8 ➤ último termo (razão = 2)

Utilizando a distribuição pela fórmula da progressão aritmética, temos:

$q = (a_n - a_1) / (n - 1)$
$q = (212 - 17,60) / (4 - 1)$
$q = 194,40 / 3$
$q = 64,80$
Interpolação = 17,60; 82,40; 147,20; 212
Razão = 64,80
Então:

- o grau A vale 17,60;
- o grau B vale 82,40;
- o grau C vale 127,20;
- o grau D vale 212,00.

Distribuição pela fórmula da progressão geométrica

Para que possamos entender do que se trata a progressão geométrica e passar ao desenvolvimento do cálculo, vejamos alguns significados e fórmulas:

Progressão geométrica – exemplo:

primeiro termo ➤ 2 (×2)= 4 (×2)= 8 (×2)= 16 ➤ último termo (razão = 2)

Utilizando a distribuição pela fórmula da progressão geométrica, temos:

$$q = \sqrt[n-1]{a_n / a_1}$$

$n = 4$

$a_n = 212$

$a_1 = 17,60$

$q = 212 / 17,60 = 12,045454$

$$q = \sqrt[4-1]{12,045454}$$

$q = 2,2923155$

$17,60 \cdot 2,2923155 = 40,34$

$40,34 \cdot 2,2923155 = 92,48$

$92,48 \cdot 2,2923155 = 212,00$

Razão = 2,2923155

Então:

- o grau A vale 17,60;
- o grau B vale 40,34;
- o grau C vale 92,40;
- o grau D vale 212,00.

Com base nos cálculos que demonstramos, cabe ao comitê escolher a fórmula que melhor se adapta à sua realidade organizacional.

A Tabela 7.2 demonstra uma tabulação exponencial, utilizando os mesmos números de pontos hipotéticos descritos anteriormente.

Tabela 7.2 – **Tabulação dos fatores**

Fatores	Peso (%)	Grau mínimo	Grau máximo	Grau	Descrição
Experiência	30	26,40	318,30	26,40	A	Até 1 ano
Instrução	20	17,60	212,20	48,80	B	De 1 a 2 anos
Criatividade	15	13,20	159,15	90,90	C	De 2 a 3 anos
Responsabilidade/ resultados	15	13,20	159,15	170	D	De 3 a 5 anos
Supervisão	20	17,60	212,20	318	E	De 5 a 10 anos
	100%	88	1.061			

Fonte: Adaptado de Pontes, 2002, p. 201.

Com isso, vemos que, no fator *instrução*, foram mantidos os mesmos valores hipotéticos contidos no tópico 7.3.2.1.

7.4 Orientações para a construção de uma tabela de tabulação de fatores

Apresentamos nesta seção algumas orientações para a construção de uma tabela de tabulação de fatores.

a) Verificar o número máximo de graus presentes no conjunto de fatores de avaliação, pois, com base nessa informação, podemos criar a tabela com as colunas de graus.
b) Preencher a tabela com os valores percentuais (do maior para o menor).
c) Ao fim da primeira coluna de graus, preencher com um valor hipotético, nesse caso, 150 e, em seguida, multiplicar o peso percentual de cada fator, que resultará nos valores em pontos de todos os primeiros graus, conforme a Tabela 7.3 a seguir.

Tabela 7.3 – **Exemplo 1: obtenção do 1º grau dos fatores**

Fatores	Peso	Grau
Instrução	30% · 150	= 45 pontos
Experiência	25% · 150	= 37,5 pontos
Criatividade	20% · 150	= 30 pontos
Responsabilidade/resultados	10% · 150	= 15 pontos
Supervisão	10% · 150	= 15 pontos
Condições ambientais	5% · 150	= 7,5 pontos
Total	100%	150 pontos

Fonte: Adaptado de Marras, 2000, p. 108.

Após a obtenção dos pontos do primeiro grau, chegamos a um novo número, que podemos exemplificar considerando uma tabela em que o último grau se encontra sob o número 7. Logo, da razão entre esses números (r), obtemos o número 9, onde: 9 · 150 = 1.350, lembrando que esses também são números hipotéticos.

Agora, multiplicamos o peso por 1.350 e obtemos o número de pontos do grau, conforme a Tabela 7.4 a seguir.

Tabela 7.4 – **Exemplo 2: obtenção do último grau dos fatores**

Fatores	Peso	Grau 9
Instrução	30% · 1.350	= 405 pontos
Experiência	25% · 1.350	= 337,5 pontos
Criatividade	20% · 1.350	= 270 pontos
Responsabilidade/resultados	10% · 1.350	= 135 pontos
Supervisão	10% · 1.350	= 135 pontos
Condições ambientais	5% · 1.350	= 67,5 pontos
Total	100%	1.350 pontos

Fonte: Adaptado de Marras, 2000, p. 109.

Por meio da Tabela 7.5, é possível observarmos os cálculos de avaliação do primeiro ao último grau: G1 e G7 – somam-se todos os valores atribuídos a cada um dos fatores.

Tabela 7.5 – **Exemplo 3: tabela de avaliação do primeiro ao último grau**

Fatores	G 1	G 2	G 3	G 4	G 5	G 6	G 7	Peso
Instrução	45	-	-	-	-	-	405	30
Experiência	37,5	-	-	-	-	337,5	-	25
Criatividade	30	-	-	-	-	-	270	20
Responsabilidade/ resultados	15	-	-	-	-	-	-	10
Supervisão	15	-	-	135	-	-	-	10
Condições ambientais	7,5	-	-	-	-	135	67,5	5
Total	-150	-	-	-	-	-	1.350	100%

Fonte: Adaptado de Marras, 2000, p. 109.

Os espaços pintados na Tabela 7.5 representam graus inexistentes no fator, e os demais (em branco) são graus intermediários ainda não obtidos. Para obtê-los, devemos utilizar o cálculo de progressão geométrica.

A Tabela 7.6 ilustra, por meio do fator *instrução*, os dados para obtenção do cálculo dos graus intermediários.

Tabela 7.6 – **Exemplo de fatores**

Fatores	G 1	G 2	G 3	G 4	G 5	G 6	G 7	PESO
Instrução	45	-	-	-	-	-	405	30

Fonte: Adaptado de Marras, 2000, p. 109.

Observe que:
- b = 405, sendo que *b* significa o último grau de cada fator;
- a = 45, sendo que *a* significa o primeiro grau de cada fator;
- n = 7, sendo que *n* significa o número de graus de cada fator.

AVALIAÇÃO DE CARGOS POR MÉTODOS QUANTITATIVOS

Assim: n – 1b

$$\sqrt[7-1]{405/45} = 1,442250$$

Encontrado o valor, devemos multiplicar o primeiro grau pelo resultado acima: 45 · 1,442250 = 65. Multiplicando o valor do segundo grau pela mesma constante, obtemos o terceiro grau, e assim por diante.

O Tabela 7.7 exemplifica a tabela de avaliação de cargos com todos os graus calculados.

Tabela 7.7 – **Exemplo 4: tabela final com todos os graus calculados**

Fatores	G 1	G 2	G 3	G 4	G 5	G 6	G 7	Peso
Experiência	45	65	93	135	194	280	405	30
Instrução	37	57	89	139	216	338	-	25
Criatividade	30	43	62	90	130	187	270	20
Responsabilidade/resultados	15	26	45	78	135	-	-	10
Supervisão	15	23	36	56	87	135	-	10
Experiência	8	11	16	23	33	47	67	5
Total	150						1.350	100

Fonte: Adaptado de Marras, 2000, p. 110.

A partir desse ponto, podemos realizar as avaliações dos cargos, fator por fator.

7.5 Avaliação dos cargos-chave

Após a definição preliminar do manual, o comitê passa a avaliar os cargos-chave. A melhor forma consiste em avaliar todos os cargos no primeiro fator, depois no segundo, e assim por diante. A soma de todos os pontos de cada fator resulta na definição da hierarquia dos cargos, como ilustra a Tabela 7.8 a seguir.

Tabela 7.8 – **Comparação de cargos fator a fator**

Fator A			Fator B			Fator C		
Cargo 1			Cargo 2			Cargo 3		
Graus	Descrição	Pontos	Graus	Descrição	Pontos	Graus	Descrição	Pontos
A		5	A		8	A		10
B		15	B		16	B		18
C		20	C		24	C		28
Total		40	Total		48	Total		56

Segundo Pontes (2013), para um melhor resultado, o comitê deve seguir alguns procedimentos:

a) treinamento dos seus membros quanto ao processo de avaliação dos cargos;
b) ao iniciar a reunião, deve-se realizar a leitura do primeiro fator de avaliação;
c) a seguir, cada membro é questionado pelo coordenador sobre o grau de enquadramento do primeiro cargo no primeiro fator. Em caso de divergências, procura-se o consenso entre os membros ou o voto da maioria;
d) depois, segue-se com o enquadramento do segundo cargo no primeiro fator, e assim sucessivamente, até que todos os cargos sejam enquadrados.

Quando da ponderação final do manual, a avaliação dos cargos-chave não pode ser revista, pois esse procedimento irá alterar a análise estatística efetuada. Por isso, caso sejam alterados, o manual perderá a consistência.

Síntese

O capítulo sobre avaliação de cargos por métodos quantitativos procurou conduzi-lo, por meio de uma linguagem simples e exemplos, ao universo dos cálculos aplicados à administração de cargos e salários.

Os tópicos desenvolvidos neste capítulo visam possibilitar a você a ampliação de seu mapa mental, agregando novos conhecimentos importantes para o processo de implementação de cargos e salários.

Questões para revisão

1. O método mais utilizado pelas empresas por ser o mais simples e objetivo é:

    a) ponderação estatística.
    b) progressão geométrica.
    c) método por pontos.
    d) avaliação de cargos-chave.

2. Sobre a seleção dos cargos-chave, é correto afirmar que:

    a) a porcentagem amostral para os grupos ocupacionais é de 30%.
    b) a abrangência da amostra deve representar uma parcela pequena da empresa.
    c) são os cargos amostrais que viabilizam o processo de avaliação.

3. Qual é a finalidade do manual de avaliação de cargos?

4. Sobre a pontuação dos fatores de avaliação de cargos, explique para que servem os níveis utilizados como exemplo na Tabela 7.1.

Questões para reflexão

1. Explique com suas palavras a utilização do método por pontos.

2. Com base nos estudos feitos sobre o manual de avaliação de cargos, descreva a importância dessa ferramenta.

3. Explane sobre a montagem da tabela de avaliação e explique suas formas de elaboração.

Para saber mais

A obra indicada a seguir lhe permitirá aprofundar-se nos pontos centrais deste capítulo.

PONTES, B. R. **Administração de cargos e salários**: carreiras e remuneração. 16. ed. São Paulo: LTr, 2013.

Nessa obra, recomendamos a leitura do conteúdo do Capítulo 10.

8 Curva de maturidade

Conteúdos do capítulo:

- Histórico e aplicação da curva de maturidade.
- O método simples.
- Maturidade como termo amplo.
- Curva da maturidade e graus predeterminados.
- Curva da maturidade e pontos.

Após o estudo deste capítulo, você será capaz de:

1. compreender, em termos gerais, o que é a curva de maturidade e qual é sua aplicação;
2. entender os métodos aplicados à curva de maturidade.

Neste capítulo, trataremos de um tema antigo, porém importante ao processo de administração de cargos e salários: a curva de maturidade. Trata-se de uma ferramenta bastante utilizada nas organizações de forma geral, pois sua aplicabilidade está diretamente ligada ao processo de desenvolvimento pelo qual o profissional passa durante toda sua carreira.

A **curva de maturidade**, ou **curva de carreira**, parte do princípio de que cada indivíduo é um ser único que anseia por desenvolvimento profissional por meio do acúmulo de experiência, que, nesse caso, podemos chamar de *maturidade*.

Dessa forma, podemos dizer que o salário recebido pelo profissional é fruto desse processo de amadurecimento.

8.1 Histórico e aplicação

A partir de 1930, a metodologia da **curva de maturidade** passou a ser utilizada como ferramenta de pesquisa salarial por grandes nomes, como os Laboratórios de Telefone Bell (EUA) e pelo Battelle Memorial Institute (também nos EUA), onde serviu como base para estudos sobre a remuneração de cientistas e engenheiros.

No Brasil, esse conceito passou a ser utilizado em meados da década de 1970, quando Gilney Teixeira (1975) tratou sobre o assunto em um artigo, publicado em 1985. Contudo, somente a partir de 1978 a metodologia foi realmente aplicada. Uma empresa de engenharia desenvolveu a primeira pesquisa salarial por maturidade, e essa metodologia vem sendo utilizada até os dias atuais, principalmente por empresas de engenharia e de alta tecnologia.

8.2 O método simples

A curva de maturidade, ou curva de carreira, parte do princípio de que os indivíduos se desenvolvem em seu ramo de atuação por meio do acúmulo de experiência, ou seja, os anos de trabalho iniciados após o ingresso no mercado de trabalho. O salário, por sua vez, é atribuído a esses profissionais pelo período de experiência e por seu desempenho na área.

Segundo Pontes (2002), a curva de maturidade é representada por um gráfico em que são relacionados os salários com os anos de experiência e traçadas separatrizes (1° decil, 1° quartil, mediana, 3° quartil e 9° decil), por meio de parábolas do 2° grau, cuja inclinação é negativa.

O Gráfico 8.1 mostra uma curva de maturidade típica, em que as curvas (separatrizes) representam o desempenho individual.

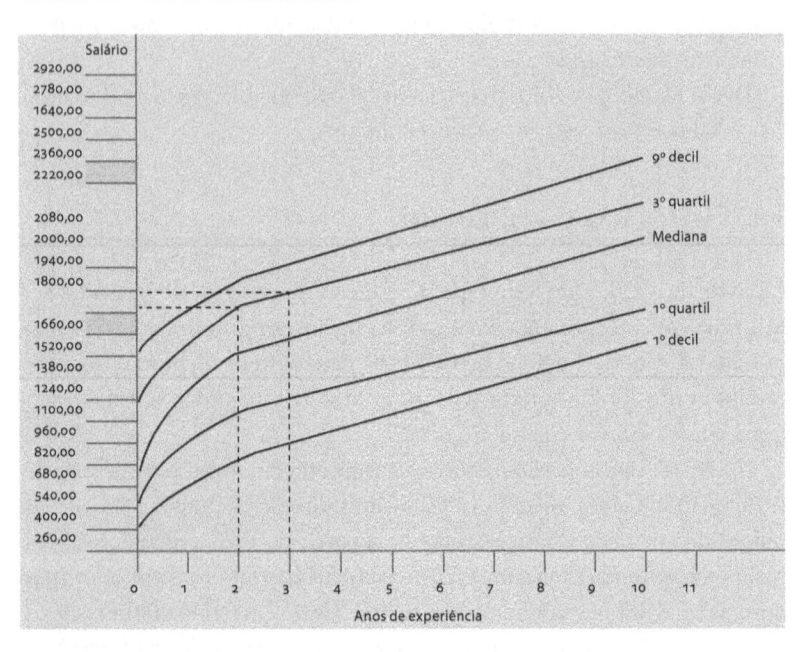

Gráfico 8.1 – **Curva de maturidade**

Fonte: Adaptado de Pontes, 2013, p. 231.

A curva mostrada no gráfico traz as seguintes conclusões:

- **Desempenho bom** – enquadramento na curva mediana.
- **Desempenho inferior ao normal** – enquadramento na curva do 1° decil ou do 1° quartil.
- **Desempenho ótimo ou excepcional** – enquadramento na curva do 3° quartil ou do 9° decil.

Dessa forma, a faixa salarial considera o desempenho (enquadramento), ainda que os funcionários tenham o mesmo tempo de experiência.

Esse método indica que, a cada ano que passa, o profissional cresce, como resultado da experiência acumulada e, consequentemente, seu salário deve aumentar.

O Gráfico 8.2 demonstra como as faixas salariais sofrem alterações de acordo com o desempenho e o tempo de experiência dos profissionais.

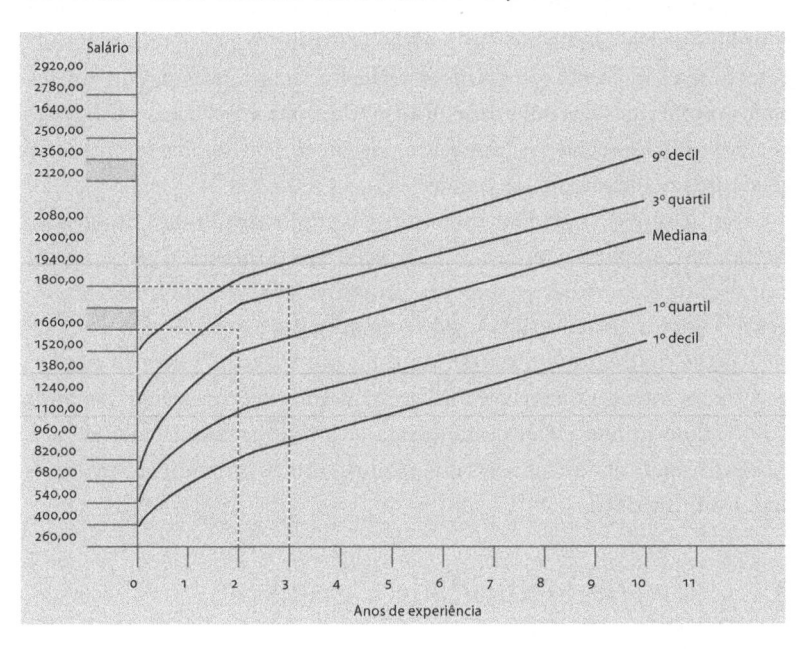

Gráfico 8.2 – **Curva de maturidade: crescimento profissional**

Fonte: Adaptado de Pontes, 2013, p. 232.

Por meio dos traços pontilhados no gráfico apresentado, podemos observar que, quanto mais experiência (tempo) o profissional adquire, maior é seu crescimento salarial na curva de maturidade.

Esss curvas são construídas com base nos resultados obtidos por meio da pesquisa salarial, e, ao mesmo tempo, essa metodologia ignora as atribuições do cargo. Tal modo de mensuração, pelo tempo de trabalho, permite uma reflexão sobre a funcionalidade desse método, uma vez que alguns funcionários podem simplesmente esperar o tempo passar para que avancem na carreira, enquanto outros, mais criativos e talentosos, podem sentir-se limitados pela lentidão do crescimento em termos profissionais e salariais (Pontes, 2002).

8.3 Maturidade como termo amplo

Diante dos aspectos negativos que esse método tem apresentado, muitas empresas passam a entender a curva de maturidade em seu sentido mais amplo, ou seja, traduzido em amadurecimento profissional, que reconhece não somente o tempo de experiência, mas também o desenvolvimento em termos de conhecimentos (graduações, especializações, cursos de extensão, mestrado e doutorado), assim como trabalhos publicados, pesquisas realizadas, entre outros.

Essa forma de reavaliar aponta para a valorização da criatividade, do talento, do conhecimento e da busca desse profissional por uma carreira sólida e com salários maiores. A maturidade, vista por esse ângulo, resulta em um estímulo ao desenvolvimento dos indivíduos.

A inflexibilidade desse método é o ponto crucial entre as críticas recebidas, uma vez que o ritmo de crescimento do profissional não pode ser predeterminado. Dessa maneira, a evolução trouxe flexibilidade e novas formas de avaliação, no que diz respeito ao crescimento profissional dos indivíduos.

8.4 Curva de maturidade e graus predeterminados

Por meio de uma "régua" com graus crescentes de maturidade exigidos do profissional, podemos comparar, para fins de enquadramento, o currículo do pretenso profissional com a exigência do grau.

Quadro 8.1 – **Graus predeterminados: avaliação de maturidade**

Grau	Cargos	Descrição do grau
I	Profissional júnior I	Características gerais
II	Profissional júnior II	Características gerais
III	Profissional júnior III	Características gerais
IV	Profissional pleno I	Características gerais
V	Profissional pleno II	Características gerais
VI	Profissional pleno III	Características gerais
VII	Profissional sênior I	Características gerais
VIII	Profissional sênior II	Características gerais

Fonte: Adaptado de Pontes, 2013, p. 231.

Os graus predeterminados aplicados à curva de maturidade são semelhantes ao método de graus predeterminados estudado anteriormente. No caso da curva, avaliam-se os graus crescentes de maturidade.

8.5 Curva de maturidade e pontos

Cada organização possui uma realidade singular que determina todos os procedimentos adotados ao longo do tempo. Na implementação do plano de cargos e salários, essa realidade é o ponto determinante na escolha dos fatores que serão avaliados.

Na curva de maturidade, são escolhidos fatores que propiciam sua evolução, como o fator *instrução*, que pode ser avaliado sob o ponto de vista do nível escolar, cursos de especialização, de extensão, de idiomas, publicações etc. No entanto, esse método é mais delicado por avaliar o profissional sob os pontos de vista mencionados no exemplo, e não do cargo em si. Ou seja, realiza-se o enquadramento por meio da análise do currículo.

A Tabela 8.1 mostra como funciona a curva de maturidade por pontos, considerando os seguintes fatores: experiência, cursos e idiomas.

Tabela 8.1 – **Fatores de avaliação da maturidade profissional por pontos**

Fator 1: Experiência
Mensuração de tempo em anos trabalhados depois da formatura.
Mensuração de tempo em anos trabalhados antes da formatura, sem considerar o período de estágio.

Tempo	Pontos
Até 1 ano	1
De 1 a 2 anos	2
De 2 a 4 anos	3
De 4 a 6 anos	4
De 8 a 10 anos	5
Acima de 10 anos	6

Fator 2: Cursos
Graduação, pós-graduação, mestrado e doutorado.
Curso realizado no Brasil ou no exterior.

Formação acadêmica	Pontos
Sem cursos extracurriculares	0
Congressos, seminários	2
Graduação	4
Pós-graduação	6
Mestrado	8
Doutorado	10

Fator 3: Idiomas
Conhecimento de idiomas estrangeiros que possibilitem ao profissional compreensão de textos e conversação.

Idiomas estrangeiros	Lê	Lê e escreve	Fala, lê e escreve
	4	6	10
	3	4	8
	2	3	6

A tabela ilustra a escolha de três fatores, e a pontuação é atribuída por meio da evolução desejada em cada um deles.

Síntese

O capítulo sobre curva de maturidade é bastante objetivo, porém os tópicos abordados e os exemplos disponibilizados são suficientes para que você, possa compreender a funcionalidade dos métodos.

Questões para revisão

1. O que você entende por *curva de maturidade*?

2. Em relação à curva de maturidade, é correto afirmar que:

    a) os fatores de avaliação utilizados são os mesmos para todas as empresas.
    b) a escolha dos fatores de avaliação é realizada considerando a realidade de cada empresa.
    c) é um conceito novo que vem sendo trabalhado nos últimos anos.
    d) é um modelo de gráfico em que são inseridos apenas os fatores de avaliação.

3. Qual é a funcionalidade do método simples?

4. Contextualize "maturidade como termo amplo".

5. Descreva a utilização dos graus predeterminados.

Questões para reflexão

1. O método simples apresenta um gráfico de curva de maturidade e suas separatrizes representados pela Tabela 8.1. Ao analisá-la, discuta com seus colegas as seguintes questões:

    a) A qual enquadramento corresponde o desempenho ótimo ou excepcional?
    b) O 1º decil ou 1º quartil corresponde a que nível de desempenho?

Para saber mais

Para aprofundar as ideias aqui discutidas, sugerimos a leitura das obras a seguir.

PONTES, B. R. **Administração de cargos e salários**: carreiras e remuneração. 16. ed. São Paulo: LTr, 2013.

TEIXEIRA, G. M. **A curva da maturidade**. Apostila publicada pelo DLP, 1985.

9 Pesquisa salarial

Conteúdos do capítulo:
- Amostra de dados da pesquisa.
- Qualidade da pesquisa.
- Metodologia da coleta de dados.

Após o estudo deste capítulo, você será capaz de:
1. compreender os conceitos gerais que envolvem a pesquisa salarial;
2. entender como funciona a coleta de dados.

A pesquisa salarial é uma ferramenta de grande importância para o processo de administração de cargos e salários, permitindo que se chegue a uma tabela salarial. No entanto, para que o resultado seja satisfatório, é importante considerar o universo da pesquisa, ou seja, o ramo, a região, o porte e o faturamento das empresas pesquisadas.

Para Pontes (2002), a **pesquisa salarial** é o estudo do comportamento do salário praticado em certo setor empresarial. Assim como outros tipos de pesquisa, sua metodologia deve obedecer a algumas fases para que o resultado seja consistente.

Como vimos, para que os salários estejam em harmonia, eles devem atingir um duplo equilíbrio: o **interno** e o **externo**. Assim, precisa haver compatibilidade entre os salários dentro da empresa (equilíbrio interno) e no mercado como um todo (equilíbrio externo).

A pesquisa de salários é fundamental na administração da remuneração: é por meio desse instrumento que o gestor poderá comparar e/ou acompanhar o posicionamento dos seus salários e benefícios com aqueles praticados no mercado.

Embora muitas informações sejam obtidas mediante publicações em revistas especializadas, esse tipo de informação não é totalmente confiável, se considerarmos que cada empresa apresenta seu próprio cenário e seus objetivos organizacionais.

Geralmente, as empresas elaboram uma pesquisa com base nos próprios objetivos dela, utilizando métodos que sejam capazes de extrair informações confiáveis e que atendam as suas necessidades.

9.1 Amostra de dados de pesquisa

A **amostra de dados de pesquisa** é realizada por meio da escolha de cargos de diversos grupos ocupacionais (cargos-chave) e, em seguida, da seleção das empresas que participarão do processo de pesquisa. A empresa pesquisadora baseia essas escolhas em critérios que retratem, da melhor forma possível, sua realidade organizacional, por exemplo, mesmo ramo de atuação, mesma região, mesmo porte (número de funcionários), faturamento igual ou aproximado etc.

9.2 Qualidade da pesquisa

A metodologia da coleta de dados é um fator decisivo no que se refere à qualidade da pesquisa. Para um resultado satisfatório, é importante manter um relacionamento de parceria, diálogo e proximidade entre a empresa pesquisadora e a empresa pesquisada.

9.3 Metodologia da coleta de dados

Diferentes métodos podem ser utilizados na extração de dados: por meio de critérios estatísticos, pela curva de maturidade e pelo pacote de salário e benefícios oferecidos a cargos executivos.

A Tabela 9.1 mostra um modelo de tabulação de cargos executivos que inclui salário e benefícios, mas é importante lembrarmos que essa metodologia de pesquisa torna mais difícil a comparação do seu resultado final.

Tabela 9.1 – **Tabulação de dados: salário mais benefícios**

Cargo: gerente de RH		
Empresa	Salário	Benefícios
A	19.500,00	Carro tipo C, assistência médica diferenciada, telefone celular, plano odontológico, complementação de aposentadoria.
B	16.700,00	Carro tipo B, auxílio-combustível, assistência médica e odontológica de livre escolha, pagamento de escola aos filhos.
C	16.450,00	Assistência médica de livre escolha, carro tipo B, complementação de aposentadoria, telefone celular, milhas para viagens.

Fonte: Adaptado de Pontes, 2013, p. 251.

A comparação realizada entre as empresas ilustradas pelas letras A, B e C reflete as diferenças de realidade salarial de cada uma, além dos benefícios oferecidos.

Síntese

Este capítulo, desenvolvido de forma sucinta, objetivou introduzir o tema de pesquisa salarial. Os tópicos mencionados fazem parte da apresentação do tema, mas eles serão aprofundados no próximo capítulo, que trata do desenvolvimento da pesquisa salarial.

Questões para revisão

1. O que é *pesquisa salarial*?
2. Como é realizada a amostra dos dados de pesquisa?
3. Cite alguns dos critérios utilizados para selecionar as empresas a serem pesquisadas.
4. Quais são os métodos de coleta de dados?
5. A qualidade da pesquisa está relacionada a quais fatores?

Questões para reflexão

1. Sobre a pesquisa salarial estudada neste capítulo, escolha um cargo e demonstre, conforme exemplo da Tabela 9.1, uma tabulação feita em três empresas diferentes utilizando o cargo escolhido. Os dados podem ser hipotéticos.

   Passos:

   a) Cargo escolhido.
   b) Número de empresas.
   c) Montagem da tabela.
   d) Dados para comparação (benefícios e valores podem ser hipotéticos ou reais).

Para saber mais

Para que você possa aprofundar-se nas ideias aqui discutidas, sugerimos a leitura dos capítulos 11 e 12 da obra a seguir.

PONTES, B. R. **Administração de cargos e salários**: carreiras e remuneração. 16. ed. São Paulo: LTr, 2013.

10 Desenvolvimento da pesquisa salarial

Conteúdos do capítulo:

- Fases de elaboração da pesquisa salarial.
- Seleção dos cargos a serem pesquisados.
- Seleção das empresas participantes.
- Preparação do manual para a coleta de dados.
- Formulário para obtenção de coleta de dados: informação sobre benefícios.
- Cronograma.
- Coleta de dados.
- Tabulação dos dados.
- Análise da consistência dos dados.
- Tipos de pesquisa.
- Análise dos resultados e relato aos participantes.

Após o estudo deste capítulo, você será capaz de:

1. aprofundar seu conhecimento sobre pesquisa salarial;
2. entender as fases de elaboração da pesquisa salarial;
3. rever o assunto sobre os cargos-chave e sua aplicabilidade para este capítulo;
4. avaliar os critérios de seleção de empresas participantes;
5. elaborar modelo de manual para a coleta de dados;
6. compreender de que forma é feita a tabulação e a avaliação de consistência dos dados coletados;
7. entender os tipos de pesquisa utilizados.

O desenvolvimento da pesquisa salarial, tema deste capítulo, objetiva aprofundar os conceitos abordados no capítulo anterior, como vimos a pesquisa salarial objetiva adequar os salários praticados internamente por uma empresa à realidade do mercado externo. Além disso, a metodologia da coleta dados, assim como a qualidade das informações prestadas pelo mercado externo, é fator de preocupação na hora de se definir entre um método e outro, ou sobre uma empresa e outra a ser pesquisada.

Para garantir a qualidade no desenvolvimento das pesquisas e um resultado final positivo, algumas fases devem ser seguidas durante sua elaboração.

10.1 Fases de elaboração da pesquisa salarial

Conforme Zimpeck (1990, p. 243), as fases para a elaboração da pesquisa salarial são:

a) seleção dos cargos a serem pesquisados;
b) seleção das companhias participantes;
c) preparo do manual de coleta de dados;
d) coleta de dados;
e) tabulação;
f) análise dos resultados;
g) relato aos participantes.

As fases de elaboração da pesquisa que citamos podem ser realizadas por meio de um roteiro bem estruturado internamente.

10.2 Seleção dos cargos

A escolha de cargos é realizada por meio dos **cargos-chaves** ou **cargos amostrais**, pois não só é fácil encontrá-los no mercado de trabalho, como também representam uma amostragem ampla e válida em cada faixa salarial. Aqui, devem ser consideradas as necessidades da empresa, analisando-se o tipo de estrutura existente.

Dessa forma, os cargos-chave ou amostrais devem apresentar algumas características:

- representar os vários pontos da curva ou reta salarial da organização;
- representar os vários setores de atividades da organização;
- ser facilmente identificáveis no mercado.

Na Figura 10.1 é possível visualizar os critérios para seleção dos cargos.

Figura 10.1 – **Critérios para a seleção dos cargos**

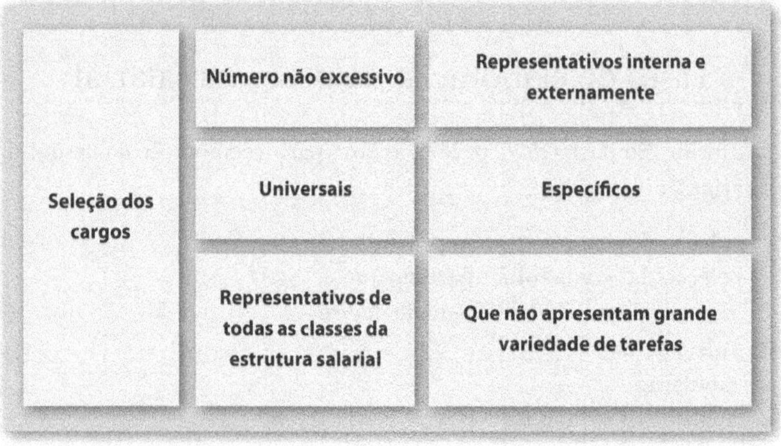

Seleção dos cargos	Número não excessivo	Representativos interna e externamente
	Universais	Específicos
	Representativos de todas as classes da estrutura salarial	Que não apresentam grande variedade de tarefas

Fonte: Pontes, 2002, p. 242.

A escolha dos cargos-chave é o ponto de partida para a elaboração da pesquisa salarial, mas essa amostra deve ser bem estruturada, por meio dos critérios indicados na figura apresentada.

10.3 Seleção das empresas participantes

A escolha das organizações participantes também ocorre por intermédio de uma seleção de empresas amostrais, mas essa "amostra" depende dos objetivos da empresa pesquisadora, ou seja, do que ela pretende atingir por meio da pesquisa. Por exemplo: o tipo de mão de obra que deseja atrair, os benefícios que se adaptam a essa realidade de atração de pessoal e, ainda, as remodelagens nas políticas de recursos humanos.

Segundo Pontes (2013), para obtermos um melhor resultado final, os critérios para seleção deverão se basear nos seguintes parâmetros:

* número de empresas;
* localização geográfica – empresas que operam na mesma área territorial da organização;
* segmento da empresa ou ramo de atividade;
* política salarial – empresas cuja política salarial seja mais interessante para a organização;
* porte da empresa – empresas do mesmo tamanho ou com as mesmas características organizacionais.

Independentemente de todos os requisitos citados, é importante avaliar, principalmente, se as empresas convidadas contam com uma estrutura salarial organizada e bem aceita por seus funcionários.

A seguir, podemos observar a ilustração de uma tabela simples (Tabela 10.1), utilizada para classificar as empresas que serão convidadas a participar da pesquisa salarial. Os requisitos elencados na tabela para a elaboração da classificação de empresas participantes são meramente ilustrativos, pois cada organização tem necessidades diferentes.

Tabela 10.1 – **Seleção das empresas a serem pesquisadas**

	Empresa X	Empresa Y	Empresa Z
Localização geográfica Cidade Estado Área			
Ramo de atividade Segmento			
Política salarial Estrutura hierárquica Modalidade Estrutura de cargos			
Porte da empresa Número de funcionários Número de cargos nível fundamental Número de cargos nível médio Número de funcionários nível superior			
Estrutura de cargos			
Cargo A			
Cargo B			
Cargo C			
Cargo D			

As pesquisas salariais também são utilizadas por empresas que pagam acima da média em relação à tabela de mercado, pois é importante, para essas organizações, conhecer a porcentagem a mais. Essa informação é crucial no processo de atrair e manter profissionais, pois certas empresas acreditam que, se um funcionário perceber uma redução no seu salário, isso poderá provocar-lhe preocupação e, nesse sentido, gerar distração e, consequentemente, menor produtividade.

Empresas que pagam muito abaixo do mercado também precisam ficar atentas aos potenciais problemas que esse fator poderá produzir na organização. Afinal, a capacidade produtiva e a saúde financeira são os primeiros itens afetados ao se adotar essa postura.

10.4 Preparação do manual para a coleta de dados

O **manual de coleta de dados** é bastante abrangente, podendo incluir dados sobre benefícios e políticas de recursos humanos (treinamento e desenvolvimento, horários de trabalho, sistema de pontos etc.).

O manual costuma ser dividido em duas partes: o **questionário** (detalhamentos das práticas que influenciam a remuneração dos colaboradores) e as **informações salariais** (descrição sumária e salários nominais).

As quatro figuras a seguir exemplificam a metodologia utilizada para coletar as informações relevantes à pesquisa salarial.

A Figura 10.2 exemplifica um modelo simples de manual elaborado para coletar os dados relevantes ao processo de pesquisa salarial.

Figura 10.2 – **Manual para coleta de informações: exemplo 1**

Identificação
Empresa: Responsável: Telefone: Número de funcionários: Ramo de atividade: Mês do dissídio: Quantos salários a empresa paga por ano (13 é a norma):
Organograma
Presidente: Diretor: Gerente: Coordenador/analistas de nível superior: Supervisor/analistas de nível médio: Assistentes: Auxiliares/operacionais/executantes:

(continua)

(Figura 10.2 – conclusão)

Descrição sumária

Fornecer as descrições sumárias dos cargos-chaves a serem pesquisados. Isso possibilita ao responsável uma comparação mais completa em relação aos cargos da empresa.
A descrição sumária pode conter as funções básicas e as informações que facilitem o entendimento das responsabilidades do cargo em questão.

A Figura 10.3 retrata, por meio de exemplo, um segundo modelo de manual elaborado para coleta de dados.

Figura 10.3 – **Manual de coleta de dados: exemplo 2**

Cargo: _____

Sumário da função:

_____

Código do participante: _____

Diferenças observadas no conteúdo do cargo:
1. _____
2. _____
3. _____
4. _____

Faixa salarial informada para este cargo: _____

Fonte: Adaptado de Zimpeck, 1990, p. 139.

O modelo representado pela Figura 10.4, onde são colocados apenas os resultados finais, é um complemento da figura anterior.

Figura 10.4 – **Manual de coleta de dados (2ª parte): exemplo 2**

Número de empregados	Salário Nominal	Adicionais			Soma
		1	2	3	
		←	Médias	→	

Fonte: Zimpeck, 1990, p. 140.

Na Figura 10.5, é possível visualizar as informações de forma individual, ou seja, por empresa.

Figura 10.5 – **Modelo de formulário para obtenção de informações salariais: exemplo 3**

Informações salariais – Empresa Alfa
Cargo:_____
Salário mensal:_____
Prêmios ou outras variáveis mensais (exceto horas extras):
Bônus, gratificações:
Participação nos lucros:

Todos os modelos apresentados nas figuras são funcionais. Reiteramos que a elaboração depende dos objetivos organizacionais em relação aos dados coletados.

10.5 Formulário para obtenção de coleta de dados: informações sobre benefícios

O formulário de benefícios pode ser elaborado fazendo-se constar nele os benefícios mais comuns, mas com espaço para a inclusão de outros, caso a empresa pesquisada disponha deles.

O modelo a seguir (Figura 10.6) mostra um exemplo simples de como o formulário pode ser elaborado:

Figura 10.6 – **Modelo de formulário para obtenção de informações sobre benefícios**

Informações de benefícios – Empresa Alfa
Assistência médica, dentária e hospitalar: _____
Complementação da aposentadoria: _____
Alimentação: _____
Transporte: _____
Seguro de vida: _____
Outros: _____

A quantidade e os tipos de benefícios oferecidos podem variar de uma empresa para outra. O modelo anterior foi concebido apenas para ilustrar e nortear a construção de outros com base nas reais necessidades apresentadas pela organização.

10.6 Cronograma

Uma vez escolhidos os cargos e as empresas a serem pesquisados, o passo seguinte consiste em definir um **cronograma da pesquisa**, contendo recursos físicos, financeiros e as metas.

Algumas empresas recorrem a consultorias de RH, acostumadas a realizar semestralmente esse tipo de pesquisa.

10.7 Coleta de dados

A **coleta de dados** pode ser realizada por entrevistas diretas ou pelo preenchimento de questionários, conforme exemplos mostrados nas figuras anteriores. Entretanto, as entrevistas realizadas pessoalmente são as que apresentam melhores resultados, pois reduzem o risco de erros.

10.8 Tabulação dos dados

A **tabulação** é a fase iniciada após a finalização do processo de coleta de dados. Com base nos resultados enviados pelas empresas participantes, chega-se ao momento de aplicar o tratamento estatístico e realizar a análise da consistência dos dados.

10.9 Análise da consistência dos dados

Ao receber o retorno das tabelas de informações solicitadas às empresas amostrais, deve ser realizada uma análise a fim de se verificar a consistência dos dados e corrigi-los antes de seu processamento.

10.9.1 Como avaliar a consistência dos dados

O processo de avaliação de consistência dos dados ora coletados baseia-se na análise sobre a igualdade dos cargos entre a empresa solicitada e a solicitante, a verificação do organograma e respectiva nomenclatura de cargos e a comparação salarial atenta às inconsistências, ou seja, aos salários fora do padrão dos demais.

Uma vez detectadas as informações inconsistentes, estas são excluídas da tabulação.

10.10 Tipos de pesquisa

Existem basicamente duas formas ou métodos para a realização de uma pesquisa salarial: a pesquisa por títulos de cargos e a pesquisa por avaliação ou classificação de cargos. Veremos as duas nos tópicos seguintes.

10.10.1 Pesquisa por títulos de cargos

Esse é o método tradicional, com apresentação de tabulações realizadas cargo a cargo.

Essa modalidade de pesquisa é composta pelas seguintes fases: definição dos cargos e empresas a serem pesquisados, preparação do material para coleta das informações salariais; análise da consistência das informações obtidas; tabulação dos dados para análise e relatório final da pesquisa.

10.10.2 Pesquisa por avaliação ou classificação de cargos

Esse método é mais elaborado, pois, para cada empresa pesquisada, elabora-se um gráfico de curva salarial individual que retrata uma amostra de cargos de toda a estrutura por meio de posições estatísticas que tornam possível visualizar a posição de mercado se sobrepor à curva salarial da empresa pesquisadora.

10.11 Análise dos resultados e relato aos participantes

Para fins de formulação da política salarial, é realizada uma comparação dos dados da empresa pesquisadora com os dados do mercado.

Ao se elaborar um gráfico simples, como é o caso do Gráfico 10.1, é possível visualizar as médias salariais da empresa pesquisadora e do mercado.

Gráfico 10.1 – **Comparação entre médias do mercado e da empresa**

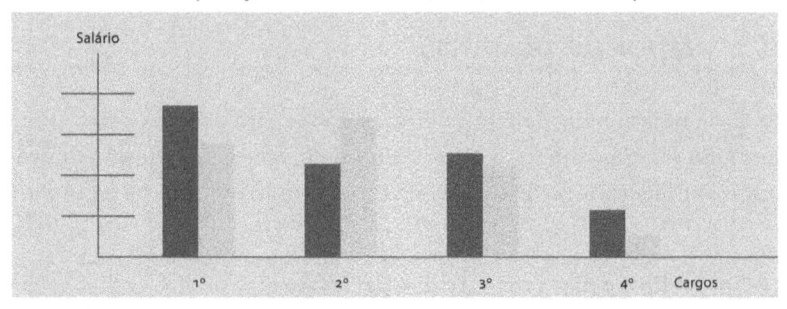

Legenda:
- 1º cargo: analista de cargos sênior.
- 2º cargo: analista de cargos.
- 3º cargo: analista de cargos júnior.
- 4º cargo: contínuo.

Média do mercado   Média da empresa

Fonte: Adaptado de Pontes, 2002, p. 249.

Relatar os resultados aos participantes, por meio de relatórios elaborados com medidas estatísticas adotadas pela empresa pesquisadora, pode servir como um incentivo para que eles participem de novas pesquisas a serem solicitadas no futuro.

Esses relatórios podem ser demonstrados por meio de gráficos comparativos de cada empresa em relação ao mercado, garantindo, assim, a quebra da resistência existente ao processo de coleta de dados.

Síntese

Ao estudarmos o desenvolvimento da pesquisa salarial, pudemos aprofundar alguns dos tópicos citados no capítulo anterior, e, desse modo, conhecer diversas opções a respeito da utilização dos métodos descritos e exemplificados no decorrer deste capítulo.

Questões para revisão

1. Cite as fases de elaboração de uma pesquisa salarial.
2. De que maneira é feita a seleção dos cargos-chave?
3. O trecho "depende dos objetivos da empresa pesquisadora, ou seja, do que ela pretende atingir por meio da pesquisa; por exemplo: o tipo de mão de obra que deseja atrair, os benefícios que se adaptam a essa realidade de atração de pessoal e, ainda, as remodelagens nas políticas de recursos humanos" corresponde à(ao):

    a) seleção dos cargos chave;
    b) cronograma e coleta de dados;
    c) seleção das empresas participantes;
    d) tabulação dos dados.

4. O manual para coleta de dados pode ser dividido em:

    a) uma parte.
    b) duas partes.
    c) três partes.
    d) quatro partes.

5. Cite os tipos de pesquisa.

Questões para reflexão

1. Você foi escolhido para ajudar a desenvolver uma pesquisa salarial e incumbido da seleção das empresas participantes. Com base nas orientações a seguir:

a) cite as características da empresa solicitante.
b) defina os dados a serem coletados.
c) defina o objetivo da empresa solicitante.
d) elabore uma planilha com os dados escolhidos para levantamento.

Para saber mais

O *link* a seguir apresenta informações sobre pesquisas salariais, possibilitando a pesquisa por cargos e segmento. Dispõe também de vários textos referentes ao tema *salário*.

DATAFOLHA – Instituto de Pesquisa. Salários. Disponível em: <http://datafolha.folha.uol.com.br/salarios>. Acesso em: 14 fev. 2014.

11 Tabulação dos dados de pesquisa

Conteúdos do capítulo:

- Análise da pesquisa por cargo e por grupo salarial.
- Tabulação dos dados e estatística.
- Estatística aplicada à administração salarial.
- Exemplo prático de tratamento estatístico.
- Exemplo de tabulação dos dados.
- Tratamento dos dados.

Após o estudo deste capítulo, você será capaz de:

1. compreender conceitos sobre a tabulação de dados de pesquisa;
2. identificar as formas de análise aplicadas ao tema;
3. compreender o tratamento estatístico aplicada ao tema;
4. entender como é feito o tratamento dos dados coletados.

Com base nos dados obtidos por meio da coleta, chega o momento de fazer a tabulação, ou seja, aplicar o tratamento estatístico das amostras obtidas no processo da pesquisa salarial.

Como vimos no Capítulo 10, a tabulação dos dados da pesquisa é a fase que objetiva mensurar os resultados obtidos pela coleta de dados solicitados às empresas participantes.

Para uma melhor compreensão, a Figura 11.1 demonstra o processo de tabulação dos dados da pesquisa salarial, em forma de organograma.

Figura 11.1 – **Tabulação dos dados da pesquisa salarial**

```
                          Tabulação
                 ┌───────────┴───────────┐
          Tratamento dos dados      Análise estatística
          ┌──────┬──────┐
     Posição   Correção dos   Corte dos
  salarial para salários para  salários
     o mesmo    a mesma       extremados
    número de  data-base do
  horas mensais  dissídio

                            Representação dos
                            dados através de
                            medidas estatísticas

              Relatório dos dados:
              Geral (toda a empresa);
              Setor mercadológico e região geográfica

    Análise interna dos resultados    Relato aos participantes
```

Fonte: Adaptado de Pontes, 2002, p. 248.

A tabulação dos dados da pesquisa é a ferramenta de comparação dos salários da empresa. Sendo assim, após o recebimento dos dados, as informações são organizadas de forma que a empresa pesquisadora conheça a posição dos seus cargos em relação ao mercado. Isso ocorre por meio do confronto dos dados recebidos ainda sem tratamento estatístico.

A Tabela 11.1 apresenta, a título de ilustração, um modelo de tabulação salarial com base na metodologia que explicamos anteriormente.

Tabela 11.1 – **Resumo de tabulação por cargos**

Cargo	Número de empresas	Número de funcionários	Valores pagos			Medidas de tendência			Faixa salarial	
Dados			Menor	Médio	Maior	1º Q	2º Q	3º Q	Mín.	Máx.
M. inf.	9	82	174	311	540	264	283	328	261	341
M. dep.	6	75	234	313	540	265	283	321	278	359
Pesquisadora		1	233	233	233				214	229
M. inf.	9	12	254	328	590	261	321	321	303	424
M. dep.	8	11	254	304	392	260	321	321	282	401
Pesquisadora		1	246	246	246				246	282
M. inf.	8	24	247	341	414	284	383	383	297	419
M. dep.	4	11	300	360	388	321	379	379	304	432
Pesquisadora		2	297	318	339				246	282
M. inf.	4	6	300	695	993	300	809	809	297	859
M. dep.	3	5	480	775	993	480	828	828	304	1043
Pesquisadora		1	495	495	495				246	525

Fonte: Carvalho; Nascimento; Serafim, 2011, p. 58.

Nesse caso, o quadro apresenta as seguintes informações:

- número de empresas que responderam;
- número de funcionários no cargo;
- menor salário informado;
- média aritmética ponderada;

- maior salário informado;
- 1º, 2º e 3º quartis;
- mínimo da faixa salarial;
- máximo da faixa salarial;
- mercado informado (M. inf.);
- mercado depurado (M. dep).

11.1 Análise da pesquisa por cargo e por grupo salarial

Ao realizarmos a análise da pesquisa, é importante sabermos se os dados tabulados são seguros, confiáveis e representativos. Ou seja, isso vai além da percepção a respeito das tendências de mercado ou do tratamento estatístico aplicado. Examinar os dados coletados exige muita responsabilidade, pois eles poderão definir os resultados do trabalho.

Assim, a **análise pelo número de empresas**, a **amplitude salarial** e o **índice de permanência** são passos importantes para o processo de tabulação.

A Tabela 11.2 representa uma tabulação para o cargo específico de assistente financeiro e contábil. Para a obtenção do resultado, foi considerado o número de empresas participantes em todo o Brasil, na mesma região, com o mesmo faturamento, no mesmo segmento (ramo).

Tabela 11.2 – Tabulação de pesquisa para o cargo de assistente financeiro e contábil

Região	Rio de Janeiro
Faturamento anual	R$ 15 milhões a R$ 30 milhões
Ramo	Serviços de todos os tipos
Área geral	Financeiro e contábil
Área específica	Contabilidade
Cargo	Assistente
Descrição sumária do cargo:	
Controlar e executar trabalhos relacionados à área contábil, como: registro de documentos, escrituração de livros fiscais, classificação de despesas, análise e reconciliação de contas, bem como auxiliar na elaboração de balancetes e outros demonstrativos.	

(continua)

(Tabela 11.2 – conclusão)

Valores em R$		Todo Brasil	Mesma região	Mesmo faturamento	Mesmo ramo	Mesma região e faturamento
Salário nominal (bruto mensal)	Média	1.350,00	1.609,00	1.215,00	1.245,00	1.404,00
	1º quartil	964,00	1.149,00	868,00	889,00	1.003,00
	Mediana	1.218,00	1.452,00	1.096,00	1.123,00	1.266,00
	3º quartil	1.549,00	1.846,00	1.394,00	1.428,00	1.610,00

Valores em R$		Todo Brasil	Mesma região	Mesmo faturamento	Mesmo ramo	Mesma região e faturamento
Remuneração variável (bruto anual)	Média	2.708,00	3.228,00	2.438,00	2.497,00	2.816,00
	1º quartil	1.461,00	1.741,00	1.315,00	1.347,00	1.519,00
	Mediana	2.274,00	2.710,00	2.046,00	2.096,00	2.364,00
	3º quartil	3.731,00	4.448,00	3.358,00	3.440,00	3.880,00

Valores em R$		Todo Brasil	Mesma região	Mesmo faturamento	Mesmo ramo	Mesma região e faturamento
Remuneração total (bruta anual)	Média	20.258,00	24.148,00	18.233,00	18.678,00	21.065,00
	1º quartil	13.995,00	16.682,00	12.596,00	12.904,00	14.552,00
	Mediana	18.107,00	21.584,00	16.297,00	16.695,00	18.828,00
	3º quartil	23.862,00	28.443,00	21.476,00	22.001,00	24.812,00

Valores em R$		Todo Brasil	Mesma região	Mesmo faturamento	Mesmo ramo	Mesma região e faturamento
Valor em benefícios (recebido anualmente)	MÉDIA	3.442,00	4.103,00	3.098,00	3.174,00	3.580,00
	1º quartil	2.189,00	2.609,00	1.970,00	2.018,00	2.276,00
	Mediana	3.094,00	3.688,00	2.784,00	2.852,00	3.217,00
	3º quartil	4.429,00	5.279,00	3.986,00	4.083,00	4.605,00

Valores em R$		Todo Brasil	Mesma região	Mesmo faturamento	Mesmo ramo	Mesma região e faturamento
Remuneração total anual (benefícios)	Média	23.701,00	28.252,00	21.331,00	21.852,00	24.644,00
	1º quartil	16.184,00	19.291,00	14.566,00	14.922,00	16.828,00
	Mediana	21.201,00	25.272,00	19.081,00	19.547,00	22.045,00
	3º quartil	28.291,00	33.723,00	25.462,00	26.084,00	29.417,00

A Tabela 11.3 a seguir apresenta um modelo final de tabulação, com dados sobre benefícios oferecidos pelas empresas participantes.

Tabela 11.3 – **Modelo de tabulação de benefícios**

Distribuição em relação aos benefícios	
Seguro saúde	9,99%
Assistência odontológica	14,49%
Complementações auxílio-doença	0,42%
Convênio com farmácia	12,80%
Seguro de vida em grupo	7,59%
Tíquete-refeição	97,75%
Tíquete-alimentação (compras em supermercado)	93,95%
Cesta básica	11,25%
Carro fornecido pela empresa	0,00%
Estacionamento	6,61%
Combustível	0,00%
Previdência privada	9,56%
Auxílio-creche	1,41%
Auxílio-escola (instrução dos filhos)	0,00%
Estudo curso superior	0,00%
Estudo de pós-graduação/MBA	0,00%
Curso de idiomas	0,00%
Celular fornecido pela empresa	0,00%
Auxílio-aluguel	0,00%
Transporte fornecido pela empresa	17,30%
Mensalidade de clubes	0,00%
Segurança particular contratado pela empresa	0,00%
Viagens turísticas (incluindo passagem e hospedagem)	0,14%
Restaurante na empresa	15,05%

Na tabela anteriormente apresentada, foram listadas várias modalidades de benefícios, entretanto, os valores zerados representam a ausência do benefício.

11.1.1 Análise pelo número de empresas

Ao solicitar dados de pesquisa a determinado número de empresas participantes, eles serão enviados em quantidades de respostas diferentes de uma empresa para outra. Nesse caso, é importante analisar cada organização e o grau de confiabilidade que ela transmite. Esse é o momento de filtrar as informações, com base em critérios de confiança e credibilidade.

A Tabela 11.4 apresenta de forma simples um modelo de como filtrar as informações, tendo como base o número de empresas solicitadas, quantas responderam e se as respostas são favoráveis:

Tabela 11.4 – **Tabulação de respostas por número de empresas participantes**

Empresas		Confiabilidade
Participantes	Responderam	Respostas representativas
20	18	
20	20	
20	17	
20	15	
20	12	

Fonte: Adaptado de Carvalho; Nascimento; Serafim, 2011, p. 59.

11.1.2 Análise pela amplitude salarial

A análise pela amplitude salarial baseia-se em dados como o maior e o menor salário e entre o 3º e o 1º quartil. Por meio dessa análise, chega-se à amplitude salarial, lembrando que, quanto menor a amplitude, mais confiável é a informação.

11.1.3 Análise pelo índice de permanência

O índice de permanência indica o número de empresas participantes que permanecem como referência após a apuração dos dados, em relação ao critério de confiabilidade. O percentual de empresas remanescentes retrata a confiabilidade e a segurança das informações prestadas.

11.2 Tabulação dos dados e estatística

Como vimos nos capítulos anteriores, a elaboração de um plano de cargos e salários envolve algumas fases que lhe garantem o resultado. Na fase da pesquisa salarial, estudamos a importância da coleta de dados; na fase da tabulação, observamos o quanto a correta mensuração dos dados coletados pode influenciar no resultado final.

Dessa forma, a comparação dos resultados enviados pelas empresas participantes pode ser avaliada diretamente, baseada em percepções e noções básicas de estatística. Sabemos também que a estatística nos fornece respaldo seguro em relação ao resultado que queremos obter: o que se refere às decisões a serem tomadas.

A partir deste ponto do texto, entraremos em alguns conceitos básicos da tabulação de dados com tratamento estatístico, para que tenhamos uma opção a mais, diante da preocupação com a veracidade das informações coletadas por meio da amostra de mercado.

11.3 Estatística aplicada à administração salarial

As pesquisas salariais têm como finalidade harmonizar os salários praticados por determinada empresa em relação ao que se apresenta no mercado externo. No entanto, após o recebimento dos dados solicitados às empresas participantes, os salários recebem um tratamento baseado em cálculos estatísticos, os quais serão abordados sucintamente nos exemplos das tabelas utilizadas no decorrer deste capítulo. A seguir, descrevemos alguns termos que serão utilizados nos exemplos do texto.

- Maior salário da amostra.
- Menor salário da amostra.
- Mediana (MD), salário médio – valor que separa as informações, de modo que 50% dos salários informados são superiores a esse nível, e 50%, inferiores, conforme exemplo a seguir.

Exemplo:

$$30, 40, 50, \boxed{60, 70,} 80, 90, 100$$

Mediana (MD) é o valor central de um conjunto de dados em ordem de grandeza:

$$\frac{60 + 70}{2} = 65$$

- Média – corresponde ao valor da soma dos salários informados para o cargo, dividido pelo número de salários informados, ou seja, a média é o ponto de equilíbrio.
- 1º quartil – valor que separa as informações, de modo que 75% dos salários informados são superiores a esse nível, e 25% são inferiores.
- 3º quartil – corresponde ao valor que separa as informações, de modo que 25% dos salários informados são superiores a esse nível, e 75%, inferiores.
- Moda – representa o valor que ocorre com maior frequência em um conjunto de dados.
- Desvio-padrão (S) – valor que representa um intervalo de valores (variância), que estão dispersos em uma distribuição de valores.

Fórmula:

O desvio-padrão (S) é igual à raiz quadrada da soma dos salários, menos a média ponderada elevada ao quadrado, multiplicada pela frequência, dividida pela frequência acumulada, menos uma (1) unidade conforme Figura 11.2 a seguir.

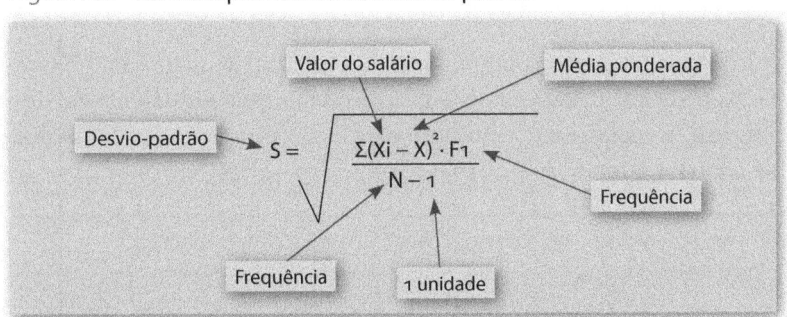

Figura 11.2 – **Fórmula para cálculo de desvio-padrão**

$$S = \sqrt{\frac{\Sigma(X_i - X)^2 \cdot F_1}{N - 1}}$$

(Desvio-padrão; Valor do salário; Média ponderada; Frequência; 1 unidade)

Em que:

- **Frequência (F) – (Fi)** – número de vezes que determinado evento – no nosso caso, o salário – aparece na amostra.
- **Média aritmética simples (MA)** – a soma de todos os salários encontrados, dividida pelo número de empresas que participaram da pesquisa.
- **Frequência acumulada (N)** – soma de todas de todas as frequências coletadas na amostra salarial.
- **Valor do salário individual** – na figura, representado pelas letras Xi.
- **Unidade** – na figura, representada pelo número 1 (um).
- **Média aritmética ponderada (MAP)** – a soma das frequências multiplicada pelos salários individuais, dividida pela soma das frequências, conforme fórmula a seguir.

Fórmula:

$$MAP = \frac{\Sigma(F \cdot salário)}{\Sigma F}$$

O resultado obtido por meio do cálculo é aplicado na fórmula apresentada pela Figura 11.2, em que é representado pela letra X.

11.4 Exemplo prático de tratamento estatístico

A Tabela 11.5 apresenta um modelo de exercício no qual os dados coletados recebem o tratamento estatístico com base no cálculo de desvio-padrão demonstrado anteriormente. A amostra é o cargo de auxiliar de recursos humanos.

Tabela 11.5 – Modelo de exercício com cálculo de desvio-padrão

Empresa	Fi (freq.)	Xi (salário)	Fi · Xi	X	Xi – X	(Xi – X)²	(Xi – X)² · Fi
A 1	7	300	2.100,00	350	50	2.500	17.500
B 1	14	320	4.480,00	350	30	900	12.600
C 1	25	330	8.250,00	350	20	400	10.000
D 1	32	345	11.040,00	350	5	25	800
E 1	28	355	9.940,00	350	5	25	700
F 1	23	370	8.510,00	350	20	400	9.200
G 1	15	375	5.625,00	350	25	625	9.347
H 1	8	380	3.040,00	350	30	900	7.200
I 1	3	400	1.200,00	350	50	2500	7.500
Soma	155 (total)		54.185,00 (total)				74.847
	X = 54.185 / 155 = 349,58 = 350			Valor obtido por meio do cálculo: 2.500 · 7 = ou seja, (Xi – X)2 · (Fi) = 17.500			

Fonte: Adaptado de Pontes, 2002, p. 265.

Então: X = 54.185 / 155 = 349, 58 ≅ 350
Então: X = (Xi – X)² · (Fi)
X = 2.500 × 7 = 17.500
Agora, vamos obter o valor do desvio-padrão conforme fórmula a seguir.

$$S = \sqrt{\frac{74.847}{155 - 1a}} \quad\quad S = 22 \quad \longleftarrow \text{Valor do desvio-padrão}$$

Agora que encontramos o valor do desvio-padrão, adotaremos o valor de 1,5 para calcular os limites inferiores e superiores que darão consistência a nossa pesquisa salarial. Por meio dos cálculos dos limites, obteremos alguns valores abaixo e outros muito acima, que posteriormente serão excluídos da tabulação, garantindo o resultado desta.

A seguir, aplicando as fórmulas de limite de corte, teremos:

(Inferior) X – 1,5 × S – média ponderada, menos 1,5 (desvio-padrão adotado), vezes o valor de desvio-padrão obtido pela fórmula, que é 22.

$$350 - 1,5 \times 22 = 317$$

(Superior) X + 1,5 × S – média ponderada, mais 1,5 (desvio-padrão adotado), vezes o valor de desvio-padrão obtido pela fórmula, que é 22.

$$350 + 1,5 \times 22 = 383$$

A conclusão a respeito dos dois valores obtidos por meio da aplicação das fórmulas de limites é que quaisquer salários que apresentem valores abaixo de 317 e maiores que 383 serão automaticamente excluídos da tabulação.

Após aplicação das fórmulas apresentadas neste modelo de exercício, passamos ao momento de buscar a consistência dos valores salariais obtidos. A Tabela 11.5 representa os dados tabulados e, com base nos valores limites obtidos (calculados anteriormente), poderemos identificar onde se encontra a mediana.

Então, com os cortes dos limites, obtemos a Tabela 11.6 a seguir.

Tabela 11.6 – **Resultado final da tabulação após os cortes salariais dos limites.**

Empresa	Fi (freq.)	Xi (salário)	Fi · Xi	X	Xi – X	(Xi – X)²	(Xi – X)² · Fi
B1	14	320	4.480,00	350	30	900	12.600
C1	25	330	8.250,00	350	20	400	10.000
D1	32	345	11.040,00	350	5	25	800
E1	28	355	9.940,00	350	5	25	700
F1	23	370	8.510,00	350	20	400	9.200
G1	15	375	5.625,00	350	25	625	9.375
H1	8	380	3.040,00	350	30	900	7.200
Soma	145 (total)		50.885 (total)				49.875
	X = 50.885 / 145 = 350				Valor obtido por meio do cálculo: 900 · 14 = ou seja, (Xi – X)² · (Fi) = 12.600		

Agora, por meio dos resultados da Tabela 11.6 transcritos, poderemos identificar a mediana. Ressaltamos que ela pode ser localizada entre os valores que constam no meio da tabela, e, para determiná-la, primeiramente devemos ordenar de forma crescente os valores, conforme a Tabela 11.7 a seguir.

Tabela 11.7 – **Obtenção da mediana (MD)**

Empresa	Salário Xi		
1	300		
2	320		
3	330	Mediana	
4	345	Mediana	350 (média entre os valores)
5	355		
6	370		
7	375		

Logo, o valor da mediana (MD) está posicionado na tabela entre os valores 330 e 345, correspondente às posições 3 e 4. Assim, a soma de distribuição dos salários é representada pelo número 7 (número de empresas tabuladas após os cortes). O número 350 representado na quarta coluna da Tabela 11.7 é obtido pelo seguinte cálculo:

- Mediana (MD) 2 (são os dois valores centrais da tabela).
- Número de empresas tabuladas (tabulação final) 7.
- *Logo*: 7/2 = 3,5, ou seja, 350 (valor representado na quarta coluna da Tabela 11.7).

Após obtenção da mediana (MD), dividida em duas partes, será necessário confirmar os resultados apurados até aqui. Por meio da divisão dos mesmos dados em quatro partes, chamados *quartis*, representados a seguir, obtemos:

$Q1$ (1º quartil) $= \dfrac{(N+1) \cdot 1}{4}$ (salário da segunda – 2ª – posição da amostra)

$$N = \text{número de salários} = 7$$

$$\dfrac{(7+1)}{4} = 2 \cdot 1 = 2$$

$Q2$ (2º quartil) $= \dfrac{(N+1) \cdot 2}{4}$ (salário da quarta – 4ª – posição da amostra)

$$N = \text{número de salários} = 7$$

$$\dfrac{(7+1)}{4} = 2 \cdot 2 = 4$$

$$Q3 \ (3° \ \text{quartil}) = \frac{(N+1) \cdot 3}{4} \ (\text{salário da sexta } (6^a) \text{ posição da amostra})$$

$$N = \text{número de salários} = 7$$
$$\frac{(7+1)}{4} = 2 \cdot 3 = 6$$

Por meio do cálculo dos quartis, concluímos que 25% dos salários devem estar abaixo, e 75%, acima de cada quartil calculado. As demonstrações acima vão somente até o 3° quartil, uma vez que existem somente 7 referências para cálculo.

Então:
1° Quartil = 330.
2° Quartil = 355 – mediana.
3° Quartil = 375.

11.5 Exemplo de tabulação dos dados

A Tabela 11.8 foi elaborada para facilitar o entendimento de como são tabulados os dados. Dessa forma, descreveram-se quatro empresas amostrais, com dados de frequência, remuneração, jornada de trabalho e data de dissídio.

Os valores hipotéticos que constam na tabela são descritos na moeda atual (real), e os dados de frequência refletem o número de ocupantes do cargo com a mesma remuneração.

Tabela 11.8 – **Dados salariais do cargo de auxiliar administrativo coletados nas empresas 1ª A, 2ª B, 3ª C e 4ª D**

Empresas	1ª A		2ª B		3ª C		4ª D	
	Freq.	Rem.	Freq.	Rem.	Freq.	Rem.	Freq.	Rem.
Dados de frequência	2	645,00	1	675,00	1	785,00	1	765,00
(freq.)	1	710,00	2	690,00	1	738,00	2	755,00
Remuneração	1	760,00	2	712,00	2	695,00	3	745,00
(rem.)			1	726,00	3	682,00	4	725,00

(continua)

(Tabela 11.8 – conclusão)

Empresas	1ª A		2ª B		3ª C		4ª D	
	Freq.	Rem.	Freq.	Rem.	Freq.	Rem.	Freq.	Rem.
					1	670,00	3	715,00
							2	810,00
							1	695,00
Jornada de trabalho	240		240		180		240	
Data do dissídio	Julho		Agosto		Setembro		Julho	

Fonte: Adaptado de Pontes, 2002, p. 256.

Com base na tabela tabulada com os dados salariais, é realizado o tratamento dos dados, como veremos no tópico a seguir.

11.6 Tratamento dos dados

O tratamento dos dados é realizado com base nas informações prestadas pelas empresas pesquisadas acerca do número de horas que o ocupante trabalha em relação a sua remuneração. Dessa forma, a posição salarial para número de horas informada pela empresa B corresponde a 180 horas mensais. No padrão estabelecido para a pesquisa, transformamos as 180 horas em 240 horas.

A fórmula a seguir detalha a metodologia de cálculo para se chegar ao valor da remuneração:

$$\frac{\text{Remuneração} \cdot 240}{180}$$

Analisando os dados da empresa B, com o valor salarial de R$ 675,00, teremos o seguinte cálculo:

$$\frac{675,00 \cdot 240}{180}$$
$$= \frac{162.000}{180}$$
$$= 900$$

Assim, quando houver necessidade de correção para a mesma data-base do dissídio, os índices deverão ser alterados conforme a lei vigente. Isso pode ocorrer quando as empresas participantes enviam os resultados da coleta de dados pouco antes do mês do reajuste do dissídio.

11.6.1 Salários extremados

Ao utilizar a fórmula anteriormente mostrada, podemos corrigir toda a tabela salarial ora existente e, assim, observar os dados extremados para seu efetivo corte e/ou correção; por exemplo: são cortados (desconsiderados) os dados salariais superiores (muito acima da média) e os dados inferiores (muito abaixo da média).

Observamos a aplicabilidade por meio dos valores lançados na Tabela 11.9 a seguir (valores hipotéticos).

Lembrando que o corte é feito por meio do cálculo de desvio-padrão estudado anteriormente neste capítulo e, nesse caso (Tabela 11.9), consideramos que os cálculos já foram feitos e que os valores descritos refletem os resultados obtidos com os cálculos de desvio-padrão.

Tabela 11.9 – **Corte dos dados extremados**

Frequência	Remuneração		Dados extremados
1	645		Dado cortado (mínimo)
2	655		
1	670		Amostra resultante
2	675		
3	725		
5	765		
7	785		
		795	Dado cortado (máximo)
1	810		

Fonte: Adaptado de Pontes, 2002, p. 259.

Ao cumprirmos todas as etapas da administração de cargos e salários e aplicarmos fórmulas estatísticas à tabulação dos dados coletados, chegamos ao momento de definir a política salarial da organização.

Síntese
Este capítulo abordou com objetividade as metodologias e os cálculos utilizados para a obtenção de dados reais a partir da aplicação do tratamento estatístico.

Questões para revisão

1. Qual é o objetivo da tabulação dos dados de pesquisa?
2. O que é importante considerar na análise pelo número de empresas?
3. Como é feita a análise pela amplitude salarial?
4. A correção dos dados salariais de uma tabela são feitos por meio de:
   a) cálculo de progressão geométrica.
   b) cálculo pela fórmula de corte de limites (acima e abaixo da média).
   c) cortes de salários extremados sem necessidade do uso de fórmulas.
5. A mediana (MD) corresponde a:
   a) valores identificados no início da tabela, correspondentes aos dois primeiros valores obtidos após ordenar salários de forma crescente.
   b) valores finais da tabela, obtidos após o corte dos limites (acima e abaixo da média).
   c) valores situados no meio da tabela, resultantes da tabulação obtida do corte dos limites (acima e abaixo da média).

Questões para reflexão

1. Como você descreve a importância da aplicação do tratamento estatístico? Responda com suas palavras.

2. Descreva, com suas palavras, o que entendeu sobre a análise de pesquisa por cargo e por grupo ocupacional.

3. Observe a Tabela 11.3 – Modelo de tabulação de benefícios e responda:

    a) Qual é o benefício que aparece em maior porcentagem?
    b) Quais são os benefícios mais comuns?
    c) Quais benefícios estão zerados?

> **Para saber mais**
> Para aprofundar as ideias discutidas neste capítulo, sugerimos a leitura do Capítulo 13 da obra de Pontes citada a seguir.
>
> PONTES, B. R. **Administração de cargos e salários:** carreiras e remuneração. 16. ed. São Paulo: LTr, 2013.

12 Política salarial

Conteúdos do capítulo:
- Conteúdo da política salarial.
- Manual de administração de salários.
- Salário de admissão.
- Promoção vertical.
- Promoção horizontal (aumento por mérito).
- Reclassificação do cargo.
- Salário para um novo cargo.
- Alterações salariais.
- Transferência de cargo.
- Reajustes salariais.
- Pesquisa salarial.

Após o estudo deste capítulo, você será capaz de:
1. perceber a inter-relação deste capítulo com os demais estudados anteriormente;
2. compreender a importância do estabelecimento de uma política salarial;
3. entender, utilizando o conhecimento adquirido até aqui, as fases que envolvem a administração de salários e como a correta condução de cada fase sustenta a política salarial que a empresa almeja.

No encerramento do capítulo anterior, afirmamos que, após a aplicação do tratamento estatístico aos dados coletados, chegaria o momento de definir a política salarial da empresa. Dessa forma, a estrutura salarial trata da progressão salarial com a qual a empresa irá trabalhar, e isso se deve, principalmente, ao uso dos processos de avaliação em virtude da valorização dos cargos existentes na empresa.

Segundo Chiavenato (2010, p. 84), a política salarial de uma empresa é um "conjunto dos princípios e diretrizes que refletem a orientação e a filosofia da organização, no que tange aos assuntos de remuneração de seus empregados". Assim, todas as normas, presentes e futuras, bem como as decisões sobre cada caso, deverão se orientar por esses princípios e diretrizes.

A política salarial não é estática; pelo contrário, é dinâmica e evolui, aperfeiçoando-se com sua aplicação em situações que se modificam com rapidez.

12.1 Conteúdo da política salarial

A adoção de uma política salarial consiste em alguns critérios importantes que deverão ser considerados durante a implementação, tais como: a estrutura de cargos e salários (obtidos com a classificação de cargos), a definição de salários de admissão para diversas classes salariais, assim como os reajustes salariais concedidos tanto por determinação legal como espontaneamente (promoção, enquadramento ou mérito) e a definição de uma política que vise à realização periódica de pesquisas salariais para atualização e comparação de classes salariais.

Benefícios sociais, estímulos e incentivos ao desempenho dedicado dos empregados e oportunidades de crescimento profissional são mais alguns aspectos importantes da política salarial.

12.2 Manual de administração de salários

A utilização do manual de administração de salários é fundamental para a descrição dos critérios a serem utilizados. A Figura 12.1 retrata um exemplo simples de elaboração desse manual. As informações que constam na figura estão descritas em maiores detalhes no decorrer deste capítulo.

Figura 12.1 – **Manual de administração de salários**

Introdução
Apresentação breve dos motivos pelos quais o manual está sendo criado e qual é a realidade que ele reflete.
Objetivos
Descrição dos objetivos organizacionais – o que a empresa pretende realizar por meio desse trabalho.
Responsabilidades pela administração de salários
A diretoria deve definir a quais pessoas cabe a responsabilidade pelo programa e por quais fases cada pessoa se responsabiliza.
Classificação de cargos
Descrição dos planos profissionais a serem seguidos.
Graus
Escalonamento dos diferentes graus.
Faixa salarial
Faixa salarial – níveis mínimo, máximo e intermediário.
Pesquisas salariais
Explicação sobre como é o procedimento de pesquisa e seus objetivos.
Salário de admissão
Determinar o salário de admissão do funcionário, pois este será o ponto de partida da evolução salarial.
Aumentos salariais – modalidades (1 a 4)
Descrição de como poderão ocorrer: os próximos itens refletem as quatro modalidades de revisão.

(continua)

POLÍTICA SALARIAL

(Figura 12.1 – conclusão)

1) Reajustes salariais
Ocorrem por meio dos índices legais.
2) Promoção vertical
São concedidos na passagem para um cargo de grau superior.
3) Reclassificação de cargo
É realizada quando há alteração na descrição/escopo do cargo – aumento de grau.
4) Promoção horizontal
Aumento salarial concedido por mérito – aprimoramento profissional (recomenda-se um período de 12 meses).

Fonte: Adaptado de Pontes, 2002, p. 292.

Por meio do manual exemplificado, a organização pode nortear o processo de administração de salários com base em critérios específicos que atendam às suas necessidades.

12.3 Salário de admissão

Todos os funcionários de uma empresa devem ser admitidos, preferencialmente, com o salário no início da faixa salarial estabelecida para o seu cargo. Excepcionalmente, o salário de admissão pode superar esse limite, em função do grau de qualificação e de experiência exigido do candidato.

12.3.1 Salário após o período de experiência

Muitas organizações adotam métodos de remuneração abaixo da média de mercado enquanto o colaborador está em período de experiência. Essa prática sustenta a ideia de que, após o término do prazo de experiência, o colaborador passará não apenas ao cargo efetivo, como também por um aumento salarial.

12.4 Promoções

A **promoção vertical** corresponde ao aumento concedido por promoção, ou seja, a passagem do colaborador de um cargo para outro, de maior complexidade e responsabilidade. Geralmente, esse processo é conduzido pela área de RH e obedece a um prazo mínimo de seis meses de permanência no cargo atual para a mudança.

No caso da **promoção horizontal**, o colaborador passa por um aumento salarial dentro do mesmo cargo. Esse aumento leva em consideração fatores como o desempenho e o engajamento da pessoa dentro de uma equipe de trabalho.

Nesse tipo de promoção, em geral, tem-se um prazo de aproximadamente um ano, entre um aumento e outro.

Cabe à organização definir, internamente, os percentuais de aumento salarial, de acordo com sua realidade e capacidade financeira.

12.5 Reclassificação do cargo

Ao acrescentar atribuições de maior complexidade e responsabilidade a um cargo já existente, faz-se necessária a reclassificação, uma vez que ela corrige, por meio de reajuste, inconsistências salariais, elevando assim o grau do cargo.

Os conceitos que analisamos nas seções 12.3 e 12.4 podem ser visualizados no Gráfico 12.1 a seguir.

POLÍTICA SALARIAL

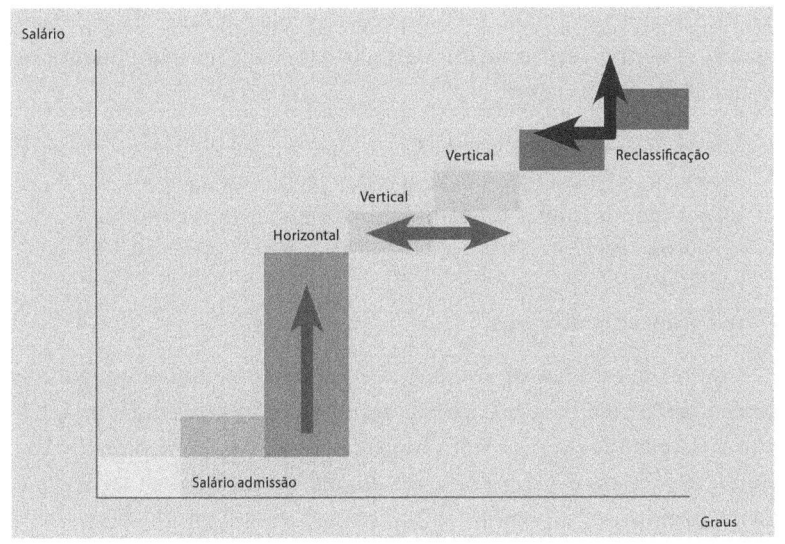

Gráfico 12.1 – **Salário de admissão, crescimento vertical e horizontal, e reclassificação**

Fonte: Adaptado de Pontes, 2002, p. 290.

A reclassificação ocorre por meio de novas atribuições ao cargo ocupado. A complexidade das tarefas, por exemplo, é um fator que propicia a elevação de grau e, consequentemente, sua reclassificação.

12.6 Salário para um novo cargo

Para se definir a faixa salarial de um novo cargo, este deverá passar pelo processo de avaliação e classificação, conduzida pela área de Gestão de Recursos Humanos, com base nas atribuições do novo cargo.

12.7 Alterações salariais

As **alterações salariais** são concedidas em virtude de diversas razões. A seguir, relacionamos algumas das situações que podem ocasionar alterações salariais:

* fim do período de experiência;
* promoção vertical (promoção para um cargo mais alto);
* promoção horizontal (aumento de salário por merecimento, no mesmo cargo);
* transferência para outro cargo;
* reclassificação do cargo.

Conforme estudamos, o salário de admissão de um empregado é determinado com base no valor da primeira faixa salarial, ou seja, é o ponto de partida da sua evolução profissional. As alterações salariais vindouras podem ocorrer por meio de uma ou mais das situações que mencionamos.

12.8 Transferência de cargo

A **transferência de cargo** ocorre quando um colaborador é transferido de uma área para outra, como um assistente da área administrativa que passa a trabalhar como assistente na área financeira. No entanto, isso não significa, necessariamente, que o funcionário receberá aumento salarial.

12.9 Reajustes salariais

Os **reajustes** são concedidos pelos índices legais e aplicados integralmente ao salário. Os índices de reajuste são destinados à correção de perdas salariais ocorridas em determinado período e são aplicados integramente ao salário, podendo, a critério da empresa, corresponder a um valor reajustado maior que o determinado legalmente.

> A pesquisa salarial, como vimos, é realizada periodicamente, com o objetivo de alinhar os salários da empresa aos padrões praticados no mercado.

12.10 Adequação salarial durante implementação

Ao se implementar uma nova estrutura salarial em uma empresa, podemos nos deparar com salários dentro, abaixo ou acima da média. Em qualquer um desses casos, é necessário que se avalie isoladamente cada situação, a fim de corrigir as diferenças.

Síntese
Este capítulo proporcionou a você o conhecimento necessário para a elaboração de um manual de administração de salários, explicando detalhadamente de que maneira cada um tópicos influencia o processo. É possível, com base nesses dados, implementar, na prática, um manual que reflita a realidade organizacional de maneira individualizada.

Questões para revisão

1. Defina *política salarial*.
2. Como são concedidos os aumentos por promoção vertical?
3. Quando ocorre a reclassificação do cargo?
4. Como é estabelecido o salário de admissão?
5. "Fim do período de experiência", "promoção horizontal e vertical", "transferência para outro cargo" e "reclassificação de cargo" correspondem a:
   a) salário para um novo cargo.
   b) alterações salariais.
   c) salário de admissão.
   d) aumento por mérito.

Questões para reflexão

1. Explique com suas palavras a importância das promoções vertical e horizontal em um plano de cargos e salários.

2. Explique, com suas palavras, a diferença entre o salário pago durante o período de experiência e o salário de admissão.

3. Explique, conforme seu entendimento, como funciona o salário de admissão e qual é sua finalidade.

4. Como você explica o salário fixado após o período de experiência?

5. Escolha, junto com um colega, cinco itens do manual de administração de salários e descreva, segundo o entendimento da dupla, como funcionam.

Para saber mais

O *site* a seguir disponibiliza informações sobre tabulação de pesquisa salarial.

ASSIMSEFAZ. **Como tabular uma pesquisa**. Disponível em: <www.assimsefaz.com.br/sabercomo/como-tabular-uma-pesquisa>. Acesso em: 14 fev. 2014.

13 Benefícios sociais

Conteúdos do capítulo:

- Benefícios sociais na política de manutenção de recursos humanos.
- Origem e evolução dos benefícios sociais.
- Tipos de benefícios sociais.
- Objetivos dos planos de benefícios.
- Desenho do plano de benefícios.
- Critérios relevantes para o desenho do plano de benefícios.
- Etapas do desenho do plano de benefícios.
- Custos dos planos de benefícios.
- Planos de previdência privada.
- A escolha do pacote de benefícios mais adequado.
- Cotação do pacote de benefícios.

Após o estudo deste capítulo, você será capaz de:

1. identificar os diversos tipos de benefícios oferecidos nas organizações em geral;
2. compreender os critérios de escolha do pacote de benefícios adotado pelas empresas;
3. entender os objetivos que envolvem os planos de benefícios.

Os benefícios sociais são oferecidos pelas organizações como meio de atrair e reter profissionais dos mais diversos níveis. O surgimento, a manutenção e o aprimoramento dos benefícios são impulsionados desde sempre pela forte competição entre as organizações pela captação e fidelização de talentos valiosos.

Tratam-se de vantagens adicionais concedidas pelas empresas com o intuito de complementar o salário de seus funcionários. Tais benefícios e serviços sociais incluem uma variedade de facilidades oferecidas pela empresa, como plano de saúde, vale-alimentação, vale-refeição, auxílio-creche, seguro de vida, bolsa de estudo e plano de previdência privada. Em cargos mais elevados, oferecem-se passagens aéreas, escola para os filhos, casa, cartões corporativos e telefone celular, entre outros.

Além do aspecto financeiro, as empresas acreditam que, ao conceder benefícios sociais, facilitam de muitas formas a vida do indivíduo, eliminando os transtornos que a busca por esses itens poderia gerar, além do aspecto da responsabilidade social que está intimamente relacionado aos benefícios.

13.1 Benefícios sociais na política de manutenção de recursos humanos

De acordo com Marras (2000, p. 137), denomina-se *benefícios sociais* "o conjunto de programas ou planos oferecidos pela organização como complemento ao sistema de salários. A somatória compõe a remuneração do empregado".

Diante de um novo cenário empresarial, em que as pessoas são o foco principal na geração de vantagens competitivas, os benefícios visam recompensar os colaboradores não apenas financeiramente, mas também lhe proporcionando qualidade de vida e um clima organizacional mais agradável, garantindo-lhe, assim, a permanência na organização.

13.2 Origem e evolução dos benefícios sociais

Os benefícios, antes vinculados ao paternalismo existente nas organizações, abriram espaço para um novo paradigma. Atualmente, eles são vistos como atrativos no processo de obtenção e de retenção de talentos. Essa nova realidade faz com que a gestão de recursos humanos pense em formas cada vez mais atrativas de busca por talentos, e os benefícios, por sua vez, atuam como mecanismos facilitadores desse processo.

A acirrada competição por talentos humanos entre as empresas, a presença cada vez mais forte dos sindicatos, as exigências trabalhistas, a preocupação com a qualidade de vida e o bem-estar dos colaboradores são algumas das causas que deram início ao processo de desenvolvimento dos planos de benefícios.

Ainda sobre os objetivos sociais, de acordo com Chiavenato (2005, citado por Daun, 2008, p. 16), "os benefícios visam a [sic] suprir carências ou lacunas existentes nos serviços que são oferecidos pelo governo ou comunidade, mas que não são feitos de forma satisfatória".

Empresas de países desenvolvidos apresentam planos flexíveis de benefícios, nos quais os funcionários podem escolher, dentro de uma gama disponível de opções, aquele que atende melhor as suas necessidades. Esse modelo pressupõe a clareza na relação entre empregado e empregador, tornando assim os colaboradores mais responsáveis e abertos a discussões a respeito da relação de custo-benefício de ambos.

13.3 Tipos de benefícios sociais

Segundo Chiavenato (2010, p. 342), "os benefícios podem ser classificados quanto à sua exigibilidade legal, quanto à sua natureza e quanto aos seus objetivos".

Nos tópicos a seguir, aprofundamos e exemplificamos essas categorias de benefícios.

13.3.1 Quanto à sua exigibilidade legal

Quanto à sua exigibilidade legal, os benefícios podem ser os descritos a seguir.

- **Benefícios legais** – exigidos pela legislação trabalhista ou previdenciária, ou, ainda, pela convenção coletiva entre sindicatos (alguns são pagos pela empresa, e outros por órgãos previdenciários). Exemplos: férias, 13° salário, aposentadoria, seguro por acidente de trabalho, auxílio-doença, salário-família, salário-maternidade.
- **Benefícios espontâneos** – concedidos por opção da empresa. Exemplos: gratificações, refeições subsidiadas, transporte subsidiado, seguro de vida em grupo, empréstimos aos funcionários, planos de saúde, complementação de aposentadoria ou plano de seguridade social.

No caso dos benefícios legais, devemos destacar que alguns deles são pagos pela empresa (13° salário, férias etc.), enquanto outros são suportados pelos órgãos previdenciários (aposentadoria, auxílio-doença etc.).

13.3.2 Quanto à sua natureza

Quanto à sua natureza, os benefícios podem ser os apresentados a seguir.

- **Benefícios monetários** – concedidos em dinheiro, geralmente por meio da folha de pagamento, os quais geram encargos sociais. Exemplos: férias, 13° salário, gratificações, complementação do salário nos afastamentos prolongados por doenças.
- **Benefícios não monetários** – não financeiros, oferecidos na forma de serviços, vantagens ou facilidades. Exemplos: refeitório, plano de saúde, assistência odontológica, serviço social e aconselhamento, clube ou grêmio, transporte em ônibus da empresa, horário flexível.

Tanto os benefícios monetários quanto os não monetários visam auxiliar o colaborador nas mais diversas situações. Alguns asseguram seus direitos em relação ao salário quando há um afastamento por doença, por exemplo, enquanto outros objetivam contribuir com a qualidade de vida do colaborador, estendendo-os muitas vezes a sua família.

13.3.3 Quanto aos seus objetivos

Quanto aos seus objetivos, os benefícios podem ser:

- **Benefícios assistenciais** – visam assegurar o colaborador e sua família em casos emergenciais, fora do seu controle ou vontade. Exemplos: assistência médica e hospitalar, assistência odontológica, concessão de empréstimos, serviço social, planos de previdência social, complementação do salário em casos de afastamentos prolongados por doenças etc.
- **Benefícios recreativos** – visam proporcionar ao colaborador bem-estar físico e psicológico, muitas vezes estendendo-se também aos familiares. Exemplos: grêmio ou clube, áreas de lazer nos intervalos de trabalho, música ambiente, atividades esportivas, excursões e passeios etc. Os benefícios recreativos incluem também as festas e confraternizações internas, que fortalecem o engajamento organizacional.
- **Planos supletivos** – benefícios e vantagens oferecidas objetivando a qualidade de vida dos colaboradores. Exemplos: transporte da própria empresa, refeição ou restaurante no local de trabalho, estacionamento privativo, convênios com supermercados, agência bancária no local de trabalho etc.

No que tange aos benefícios recreativos, podemos também considerá-los como objetivos sociais.

13.4 Objetivos dos planos de benefícios

Segundo Chiavenato (2010, p. 343), "os benefícios e serviços oferecidos aos colaboradores visam a [sic] satisfazer vários objetivos individuais, econômicos e sociais".

Diante das muitas opções de benefícios, cada empresa deve estudar e decidir os que melhor se adaptam à sua realidade. Muitas empresas oferecem um pacote de benefícios de acordo com o perfil dos colaboradores e de suas atividades. Quanto maior a complexidade e a responsabilidade do cargo, melhor é o pacote de benefícios oferecidos pela organização, que, desse modo, procura atrair e reter os profissionais de alto desempenho. Entretanto, outros objetivos são levados em consideração antes da definição dos planos:

- objetivos individuais;
- objetivos econômicos;
- objetivos sociais.

Os três objetivos citados serão pormenorizados nos tópicos seguintes.

13.4.1 Objetivos individuais

Partindo da ideia de que cada indivíduo tem necessidades próprias, o pacote de benefícios de uma empresa vem agregar valor a essas necessidades, uma vez que visa proporcionar tranquilidade, bem-estar e qualidade de vida aos colaboradores. Dessa forma, estes se sentem amparados e, como resultado, tornam-se menos preocupados em suprir tais necessidades de outra forma. Consequentemente, as organizações conseguem reter e elevar o grau de satisfação e a concentração dos colaboradores.

13.4.2 Objetivos econômicos

Os objetivos econômicos estão diretamente relacionados à atração e à retenção de profissionais. Nesse sentido, visam à redução da rotatividade e do absenteísmo, elevar a qualidade de vida dos colaboradores e reduzir custos.

13.4.3 Objetivos sociais

Os benefícios sociais objetivam dar suporte às pessoas, dentro e fora da organização, suprindo possíveis deficiências dos sistemas educacional, de saúde, de transporte e de previdência social.

13.5 Desenho do plano de benefícios

As empresas brasileiras classificam os planos de benefícios de acordo com a estrutura hierárquica, ou seja, para cada nível (auxiliar, técnico, analista e gestor) existe um plano de benefícios diferenciado.

Em caráter de exemplo, podemos utilizar um profissional do nível estratégico: para executivos da organização, a empresa pode oferecer um pacote de benefícios tão abrangente que a soma talvez se aproxime do valor que recebem por meio do salário. Em outros casos, como o nível de auxiliar, por exemplo, o pacote de benefícios pode servir adequadamente como complementação da renda, pois plano de saúde, auxílio-creche e outros fazem tanta diferença que o funcionário não necessita retirar do seu salário o valor integral para pagá-los. A realidade do colaborador seria diferente se ele tivesse de adquirir esses benefícios de modo particular.

No entanto, de qualquer forma, independentemente do nível hierárquico, o plano de benefícios visa à satisfação de necessidades sociais, de autoestima e autorrealização.

13.6 Critérios relevantes para o desenho do plano de benefícios

Segundo Chiavenato (2010), para elaborarmos um plano de benefícios, devemos considerar dois critérios relevantes:

- **O princípio do retorno do investimento** – espera-se que a concessão de benefícios traga retorno à organização, em termos de produtividade, autoestima, qualidade de vida e retenção de profissionais.
- **O princípio da mútua responsabilidade** – pessoas que cooperam entre si; destaca-se o rateio dos custos dos benefícios entre a empresa e o colaborador beneficiado.

No caso da mútua responsabilidade, é fundamental que as pessoas envolvidas tenham consciência dessa realidade e conduzam de forma justa os métodos de partilha anteriormente combinados.

13.7 Etapas do desenho do plano de benefícios

Segundo Chiavenato (2010, p. 346), as etapas do desenho dos planos de benefícios e serviços sociais são os apresentados a seguir.

a) **Estabelecer os objetivos e a estratégia de benefícios:**
   - Estratégia de pacificação – oferecer aos funcionários os benefícios que desejam, em função de suas expectativas.
   - Estratégia comparativa de benefícios – proporcionar programas similares aos oferecidos no mercado.
   - Estratégia de benefícios mínimos – oferecer apenas os benefícios legais e os espontâneos de menor custo.
b) **Envolver todos os participantes e sindicatos** – por meio de pesquisas internas e com a colaboração dos sindicatos, é possível verificar-se o que os funcionários realmente desejam e de que necessitam.
c) **Comunicar os benefícios** – para que o plano satisfaça a todos, é imprescindível comunicar e explicar exatamente como os benefícios funcionam; para tanto, pode-se utilizar intranet, memorandos, comunicados de mural, relatórios ou integrações.
d) **Monitorar os custos** – o monitoramento requer acompanhamento e constante avaliação do desempenho e dos custos envolvidos; é indispensável comparar continuamente os custos e os benefícios. Por exemplo: cálculo do custo mensal e anual de todos os funcionários, custo mensal e anual por funcionário, porcentagem mensal e anual sobre a folha de pagamento, custo funcionário/ hora e retorno do investimento para ambos.

Ao completar as etapas mencionadas, a empresa contempla uma realidade organizacional moderna e consciente.

13.8 Custos dos planos de benefícios

Os custos dos planos de benefícios são significativos para a empresa e devem ser objeto de constante atenção. Nos últimos anos, esses custos têm-se elevado em função não só da pressão pela inclusão de novos itens, mas também pela ampliação de elegibilidade dos itens existentes e pelo aumento do custo específico de alguns itens.

13.9 Planos de previdência privada

Com o passar do tempo, as leis que sustentam a Previdência Social, bem como sua metodologia para fins de aposentadoria, vêm se tornando cada vez mais defasadas. Com o interesse do governo em prolongar o período de cálculo de 36 para 120 meses, tem crescido o interesse das pessoas em aderir a planos de previdência privada como alternativa para complementar a aposentadoria.

Os planos de previdência privada funcionam por meio de contribuições mensais, feitas em nome do contribuinte durante um período e com valor estipulado pelo depositante. O capital acumulado é atualizado pela inflação (correção monetária) e acrescido de juros.

As empresas vêm, portanto, optando por esse tipo de benefício, por meio da contratação de um plano de previdência privada para seus colaboradores, pagando mensalmente o valor estipulado para fins de aposentadoria. Os planos tradicionais podem ser rateados entre a empresa e os colaboradores, ou seja, cada um contribui com uma parte do valor contratado.

13.10 Como escolher o pacote de benefícios mais adequado

É grande a preocupação das empresas em relação à escolha do pacote de benefícios mais adequado. Como vimos anteriormente, muitos são os fatores que influenciam essa decisão, e os que mais pesam estão relacionados a questionamentos a respeito do quanto o colaborador valoriza e reconhece a importância dos benefícios oferecidos, assim como os custos envolvidos.

Outra questão bastante considerada diz respeito ao fato de tais benefícios serem ou não catalisadores de resultados, e se eles realmente geram motivação para um melhor desempenho dos funcionários dentro da organização.

13.11 Cotação do pacote de benefícios

As cotações realizadas pelo departamento de benefícios devem ser objetivas e minuciosas, para garantir que a empresa implemente um plano de benefícios que reflita, da melhor forma possível, a realidade da organização e, dessa forma, atenda às necessidades dos colaboradores.

As cotações devem ser realizadas com base em pelo menos três empresas diferentes, nos diversos ramos de interesse. Para assegurar o melhor resultado, é importante que a empresa interessada mantenha um relacionamento mais próximo com as empresas cotadas, pois o relacionamento pessoal possibilita bons resultados.

Contudo, não basta apenas querer cotar; é preciso ter em mãos dados organizados sobre a empresa e sua estrutura completa. A objetividade em relação aos dados é fundamental.

Síntese

O tema proposto neste capítulo tem sido uma preocupação constante nas organizações que buscam, em meio a tantas mudanças, os equilíbrios interno e externo em relação aos benefícios oferecidos, pois entendem que as pessoas valorizam cada vez mais diferenciais que possam complementar de várias formas os salários oferecidos pelas empresas. Podemos dizer que o salário é o ponto de partida ao se considerar uma oportunidade de trabalho, e a comparação dos pacote de benefícios oferecido entre uma empresa e outra é fator relevante para que o profissional tome a decisão final.

Questões para revisão

1. Conceitue *benefícios sociais*.
2. O que são os benefícios não monetários?
3. Cite duas etapas do desenho do plano de benefícios.
4. Sobre os tipos de benefícios sociais, é correto destacá-los quanto:
   a) aos seus objetivos.
   b) aos critérios do plano de benefícios.

c) à sua natureza.
d) às etapas do plano de benefícios.
e) à exigibilidade legal.

5. Assinale a alternativa correta. Sobre os benefícios espontâneos, é correto destacar que:

a) são aqueles exigidos por lei.
b) são aqueles concedidos em dinheiro por meio da folha de pagamento.
c) são aqueles oferecidos na forma de serviços, vantagens ou facilidades.
d) são aqueles concedidos por opção da empresa.

Questões para reflexão

1. Cite cinco benefícios sociais praticados na empresa em que você trabalha.

2. Com base na resposta à primeira questão, escolha dois dos benefícios citados e apresente a importância deles.

3. Qual é a importância dos planos de previdência privada na atualidade?

4. Como são (eram) definidos os planos de benefícios na empresa onde você trabalha atualmente ou na última onde trabalhou?

5. Como você avalia a importância dos benefícios oferecidos pela empresa em sua vida? Como eles contribuem para o seu dia a dia?

> **Para saber mais**
>
> Sugerimos o livro a seguir, mais especificamente a Parte II, Capítulo 20, para que você possa aprofundar seus conhecimentos sobre os conteúdos abordados neste capítulo.
>
> OLIVEIRA, A. **Manual de salários e benefícios**. Atlas, 2006.

14 Revisão e aspectos finais da administração de cargos e salários

Conteúdos do capítulo:
- Plano de cargos e salários: conceitos e tendências.
- Objetivos do plano de cargos e salários.
- Responsabilidades em relação ao plano de cargos e salários.
- Visão geral da estrutura do plano de cargos e salários.
- Cronograma para implementação do plano de cargos e salários.
- Fases de implementação do plano de cargos e salários.
- Formas de variar as funções do cargo.
- Avaliação de desempenho.
- Meritocracia.
- Encargos sociais no Brasil.
- Aspectos legais do plano de cargos e salários.

Após o estudo deste capítulo, você será capaz de:
1. visualizar com clareza como se relacionam os aspectos acerca do tema desta obra;
2. compreender alguns novos conceitos e como eles se aplicam na atualidade;
3. entender a evolução e a constante mutação em relação ao plano de cargos e salários;
4. compreender de que forma os aspectos legais influenciam a tomada de decisão e a evolução do plano de cargos e salários.

Este capítulo objetiva revisar alguns aspectos importantes da administração de cargos e salários e introduzir novos assuntos, relevantes para todo o conhecimento adquirido até aqui.

Nesse sentido, é importante que os conceitos fiquem claros e que sejam observadas as novas tendências em relação ao plano de cargos e salários (PCS).

O embasamento teórico descrito no decorrer desta obra é fundamental para iniciar o processo de implementação do plano e, principalmente, para reforçar alguns conceitos, demonstrando, de forma simplificada, como funciona todo esse processo.

14.1 Plano de cargos e salários: conceitos e tendências

O constante avanço tecnológico e a busca por melhores posições no *ranking* das melhores empresas para se trabalhar cada vez mais motivam as organizações a buscar inovações e profissionais com altos níveis de desempenho.

A definição de um **plano de carreira**, de acordo com a expectativa que a empresa e seus funcionários mantêm diante do mercado, é um vantajoso ganho nas modernas organizações.

Planos de carreira e modalidades arrojadas de remuneração, aliadas a excelentes pacotes de benefícios, são investimentos realizados pelas organizações cujo foco é a retenção de seus melhores funcionários. Contudo, essas práticas impactam diretamente nos custos das empresas, que se veem cada vez mais encurraladas pela globalização e pela concorrência.

O aumento da lucratividade, por meio de resultados de desempenho, é a forma como as organizações trabalham, pois acreditam que o desempenho está diretamente relacionado a resultados financeiros.

A temática de cargos e salários torna-se cada vez mais comum entre as organizações e seus colaboradores. Diante de uma realidade de informações em tempo real, as empresas visam atender às expectativas do seu pessoal mediante a adoção de um modelo que seja compatível com seu tamanho e com suas necessidades organizacionais.

A implementação de um PCS demanda planejamento e cuidado com aspectos técnicos, políticos, entre outros, relacionados com a cultura da organização.

14.2 Objetivos do plano de cargos e salários

Para que a empresa tenha uma equipe engajada e alinhada às exigências do mercado, o PCS deve ser implementado com os objetivos a seguir expostos:

- estabelecer padrões salariais em todos os níveis da organização;
- reconhecer e premiar funcionários que agregam valor ao trabalho final por meio de seu desempenho;
- atrair e reter profissionais cujo desempenho contribua para os resultados da empresa;
- monitorar constantemente os impactos da folha de pagamento, adotando parâmetros de controle e redução de impacto financeiro;
- desenvolver mecanismos que garantam a competitividade dos salários, em relação ao mercado.

Os objetivos descritos são de extrema importância na implementação do plano de cargos e salários, e sua correta condução reflete diretamente no resultado final.

14.3 Responsabilidades em relação ao plano de cargos e salários

O processo de implementação do PCS ocorre por meio da adoção de uma série de etapas minuciosamente trabalhadas, que garantem e sustentam a passagem de uma fase para outra. Ao definir a metodologia a ser trabalhada, definem-se também algumas pessoas que desempenharão papel importante durante o processo de implementação, conforme explicado a seguir.

* **Diretoria**: no processo de implementação, a diretoria tem como funções a formação e a manutenção do comitê de avaliação, assegurando uma condução efetiva do PCS.
* **Recursos humanos**: o setor de recursos humanos deverá participar efetivamente da construção do PCS, mantendo, revisando e coordenando o sistema de cargos e salários.
* **Gerências**: as gerências são responsáveis pela aplicação da política salarial, de acordo com o manual de procedimentos, e pela disseminação de informações aos demais colaboradores.
* **Comitê de avaliação**: o comitê de avaliação é responsável pela avaliação dos cargos e pela análise crítica do sistema de cargos e salários.

14.4 Visão geral da estrutura do plano de cargos e salários

Na Figura 14.1 mostrada a seguir é possível visualizarmos de forma clara e sistêmica a estrutura final de um PCS.

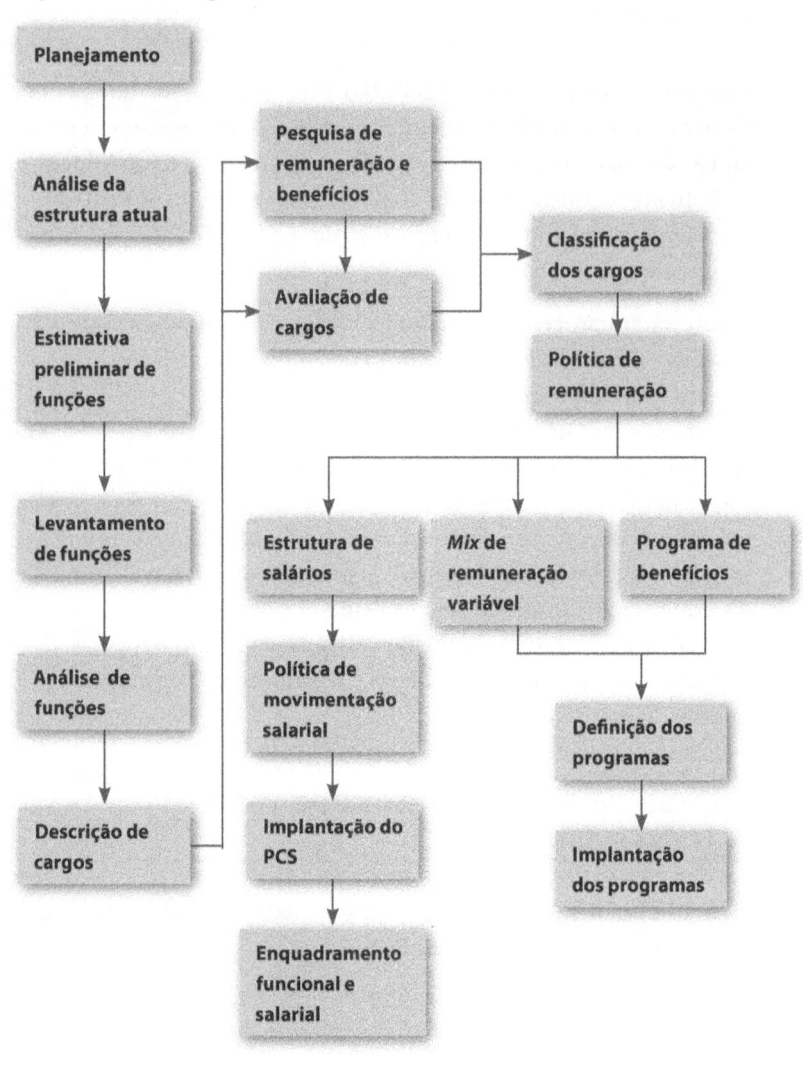

Figura 14.1 – **Visão geral da estrutura do PCS**

```
Planejamento
    ↓
Análise da              Pesquisa de
estrutura atual  →→→   remuneração e
    ↓                   benefícios           Classificação
                            ↓            →   dos cargos
Estimativa              Avaliação de              ↓
preliminar de      →→   cargos          →   Política de
funções                                      remuneração
    ↓                        ↓    ↓    ↓
Levantamento          Estrutura de   Mix de          Programa de
de funções            salários       remuneração     benefícios
    ↓                     ↓          variável
Análise de            Política de
funções               movimentação                   Definição dos
    ↓                 salarial                       programas
Descrição de              ↓
cargos          →→    Implantação do                 Implantação
                      PCS                            dos programas
                          ↓
                      Enquadramento
                      funcional e
                      salarial
```

Detalharemos as fases do PCS nos tópicos posteriores.

14.5 Cronograma para implementação do plano de cargos e salários

Após os passos iniciais, o departamento de recursos humanos define um cronograma contendo as fases do processo, o responsável e o número de meses que serão necessários para viabilizar o PCS.

Um exemplo de cronograma é mostrado no Quadro 14.1 a seguir.

Quadro 14.1 – **Cronograma para implementação do PCS**

Fases do processo	Responsável	1º mês	2º mês	3º mês	4º mês
Planejamento, elaboração do plano e coleta de dados.	Recursos Humanos				
Estudo e aplicação da legislação pertinente.	Departamento Jurídico				
Descrição, especificação e análise dos cargos.	Comissão de Avaliação				
Avaliação e titulação dos cargos.	Recursos Humanos				
Avaliação e titulação dos cargos.	Recursos Humanos				
Pesquisa salarial.	Recursos Humanos				
Estrutura salarial.	Recursos Humanos				
Política salarial.	Recursos Humanos				
Política de remuneração.	Recursos Humanos				
Carreiras profissionais.	Recursos Humanos				
Participação nos lucros e resultados.	Comissão de avaliação: Participação nos lucros e resultados.				

O cronograma mostrado anteriormente descreve informações sobre as fases do processo de implementação do plano de cargos e salários, e para cada uma delas é designada uma área responsável pelo desenvolvimento, enquanto a área sombreada corresponde ao mês ou meses de duração do trabalho. Por exemplo:

- Fase: Avaliação e titulação dos cargos.
- Área responsável: Recursos humanos.
- Desenvolvimento do trabalho: 3º mês.

É muito importante elaborar um cronograma de execução do plano, pois será a ferramenta pela qual a empresa se norteará.

14.6 Fases de implementação do plano de cargos e salários

A implementação do PCS é dividida em etapas que norteiam seu processo de desenvolvimento. Por meio de sete fases, vistas nos capítulos anteriores e esquematizadas no Quadro 14.2, são traçadas as políticas organizacionais referente à remuneração na empresa.

O principal pilar da administração de cargos e salários se dá por meio do desenvolvimento aprimorado da descrição e da especificação de cargos, a base que possibilitará a fixação de salários internamente coerentes.

Quadro 14.2 – **Fases para a implementação do PCS**

Fases	Etapas	Procedimentos
1ª fase: Planejamento e divulgação do plano	Elaboração do plano; Discussão do plano com as chefias; Aprovação do plano; Divulgação do plano aos funcionários.	

(continua)

(Quadro 14.2 – conclusão)

Fases	Etapas	Procedimentos
2ª fase: Análise dos cargos	Coleta de dados; Descrição dos cargos; Especificação dos cargos; Titulação dos cargos; Classificação dos cargos conforme os grupos ocupacionais; Catálogo de cargos.	Método de observação local; Método do questionário; Método da entrevista; Combinação metodológica; Área mental; Área de responsabilidade; Área física; Área de condições de trabalho.
3ª fase: Avaliação dos cargos	Avaliação dos grupos ocupacionais; Escolha do método de avaliação.	Tradicionais não quantitativos; Tradicionais quantitativos; Não tradicionais.
4ª fase: Pesquisa salarial	Escolha dos cargos; Escolha das empresas; Elaboração do manual de coleta de dados; Tabulação dos dados; Análise de resultados; Relato às empresas participantes.	
5ª fase: Estrutura salarial	Curva média de mercado.	
6ª fase: Política salarial	Promoção horizontal, vertical e reclassificação.	
7ª fase: Política de remuneração	Formação da remuneração total.	

Fonte: Araújo, 2009, p. 237.

As fases, como já vimos, devem ser respeitadas. Portanto, só se passará à próxima após a constatação de que o trabalho está correto e estruturado.

14.6.1 Perspectivas e resultados esperados ao fim de todas as fases

Maximizar o desempenho da empresa e do colaborador, alinhando objetivos comuns entre eles, e garantir o equilíbrio salarial interno e o externo são perspectivas geradas no decorrer das fases de implementação do plano de cargos e salários.

14.6.2 Fatores importantes na etapa de desenvolvimento do plano

Todo e qualquer tipo de planejamento necessita de bases sólidas que o sustentem no decorrer de seu desenvolvimento. No plano de cargos e salários não é diferente: as fases do plano são executadas uma a uma, sendo que a solidez deixada por uma fase sustenta a outra e assim sucessivamente. Dessa forma, listamos a seguir alguns fatores importantes ao desenvolvimento do plano:

* **Apoio da diretoria** – objetivos, funcionamento, resultados esperados, tempo de duração, envolvimento das chefias e funcionários, recursos necessários e custos.
* **Divulgação** – a implementação do PCS deve ser divulgada a todos os empregados, independentemente do nível hierárquico. É importante esclarecer, com exatidão, todas as dúvidas que surjam dentro dos diversos grupos ocupacionais. A escolha do método de divulgação das informações é também relevante, para se evitarem distorções entre os colaboradores. Palestras, circulares, cartas, livretos, mural, jornal interno e intranet são formas eficazes de divulgação.
* **Diagnóstico** – o PCS aborda diretamente questões de poder, *status*, influência e espaço. Conhecer a realidade da organização, como os tipos e a quantidade de ocupações, o organograma real, os postos de trabalho, as políticas e práticas adotadas e os problemas existentes são de suma importância para o sucesso do plano.

Apoio da diretoria, divulgação e diagnóstico, como explicamos anteriormente, são fatores concomitantes ao desenvolvimento do plano e, assim, suportam as demais fases.

14.6.3 Manutenção do plano de cargos e salários

As diretrizes adotadas na implementação do PCS devem ser atualizadas continuamente, pois a constante transformação e evolução nas organizações pode tornar o plano obsoleto.

As atualizações podem obedecer aos mesmos critérios utilizados na concepção do plano, ou seja, fazer a revisão das descrições e especificações, avaliações e reclassificações dos cargos.

14.6.4 Planos de cargos e salários e cultura organizacional

Em **empresas jovens**, o grande desafio consiste em criar uma estrutura salarial que mantenha a empresa crescendo e que sirva como base para contratações e promoções internas. As **empresas em crescimento** têm como desafio manter os salários competitivos e criar mecanismos para a rápida recomposição do quadro funcional.

As **empresas maduras** preocupam-se em manter o equilíbrio adquirido, sendo os níveis decisórios mais racionais, o que cria oportunidades para consultores externos auxiliarem em vários processos.

As **empresas estáveis** já apresentam políticas salariais de boa qualidade e são bastante competitivas, mas se preocupam em não aumentar os custos.

As **empresas agressivas** pagam os melhores salários, com várias alternativas de remunerações variáveis. São facilitadoras do processo de criação de um PCS, a ponto de as **empresas conservadoras** não buscarem muitas alternativas para melhorar seu desempenho. Elas tendem à burocratização, o que torna inviável a implementação do PCS.

14.7 Formas de variar as funções do cargo

Cada colaborador assume determinado cargo na empresa, embora algumas variações possam ocorrer ao longo do tempo. Nos itens a seguir, abordaremos as formas como ocorrem essas variações.

14.7.1 Rotação de cargos

A **rotação de cargos** consiste no rodízio realizado por um funcionário em diversos cargos que tenham afinidade entre si, como o setor de recursos humanos: durante determinado tempo, um colaborador pode trabalhar na divisão de folha de pagamento, depois na divisão de benefícios, posteriormente na divisão de cadastro funcional, e assim continuar sem rodízio de cargos.

14.7.2 Extensão do cargo

Na **extensão**, o cargo sofre pequenos e constantes acréscimos em algumas atividades, ou seja, são acrescidas algumas pequenas tarefas ou metodologias de realização.

14.7.3 Ampliação do cargo

Na **ampliação**, o escopo do cargo é alargado pela inclusão de novas tarefas e responsabilidades, resultando em crescimento profissional.

14.7.4 Enriquecimento do cargo

O **enriquecimento** do cargo consiste no aumento gradativo de responsabilidades e desafios nas tarefas, conforme ilustrado na Figura 14.2.

Figura 14.2 – **Enriquecimento vertical**

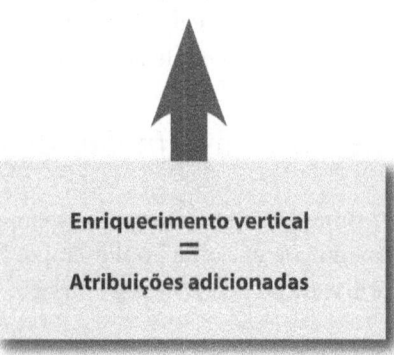

Enriquecimento vertical = Atribuições adicionadas

O aumento pode ser vertical, o que significa o acréscimo de responsabilidades de um nível mais elevado. Por exemplo:
Cargo: assistente administrativo
Responsabilidades atuais:
A; B; C; D.
Responsabilidades adicionadas:
A1, B1, C; D; E; F.

Figura 14.3 – Enriquecimento horizontal

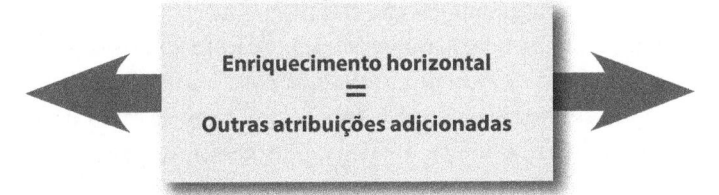

Enriquecimento horizontal
=
Outras atribuições adicionadas

O aumento horizontal é o acréscimo de novas responsabilidades do mesmo nível. Por exemplo:
Cargo: auxiliar administrativo
Responsabilidades atuais:
A; B; C; D.
Responsabilidades adicionadas no mesmo nível:
A1, 2, B1, 2, 3, C; D.

14.7.5 Enquadramento salarial

Normalmente, um PCS acaba por estabelecer cargos, classes salariais, faixas e políticas diferentes. A fase de **enquadramento salarial** objetiva promover os enquadramentos relacionados aos novos cargos e/ou aos novos salários.

Para fins de enquadramento salarial, são levados em consideração o cargo ocupado e o desempenho do ocupante. Para que o julgamento seja efetivo, estabelecem-se alguns critérios que tornem o processo o mais claro possível. Limitações financeiras podem minar o enquadramento e ocasionar descrédito entre os funcionários; por isso, é importante que se faça uma simulação entre o cenário atual e o desejado, com levantamento de impacto financeiro.

14.8 Avaliação de desempenho

Segundo Chiavenato (2010, p. 241), "a avaliação do desempenho é o processo que mede o desempenho do funcionário. O desempenho é o grau em que o funcionário alcança os requisitos do seu trabalho".

Para Zimpeck (1990, p. 289), "a avaliação de desempenho tem por finalidade aferir o grau em que o empregado atende os padrões de comportamento exigidos pelo seu cargo, e estimulá-lo a melhorar os resultados de seu trabalho, desenvolver-se e merecer as oportunidades e compensações que a empresa pode oferecer".

De forma simplificada, a avaliação está presente no nosso cotidiano, uma vez que a todo momento avaliamos coisas, pessoas e situações. Avaliamos a nossa vida, o nosso trabalho, o filme, a casa, o carro, a comida, a roupa, o dinheiro, o preço, o colega, o professor, os pais, os irmãos, e assim por diante.

Dentro das empresas, o tema torna-se um assunto e uma prática corriqueiros, pois a avaliação do desempenho tem sido uma ferramenta de desenvolvimento organizacional amplamente utilizada, independentemente do tamanho da empresa. As pessoas gostam de ser elogiadas por seu trabalho e se sentem estimuladas quando isso ocorre. As avaliações objetivam manter o que já está bom, elogiando o desempenho profissional; quando este não está a contento, as empresas promovem *feedbacks* para alinhamento de objetivos entre elas e o funcionário. Planos individuais de desenvolvimento são constantemente revistos entre o gestor e seu subordinado.

A avaliação de desempenho é uma ferramenta importante para:

- a empresa descobrir que tipo de treinamento o funcionário e o grupo devem receber;
- o desenvolvimento e o aprimoramento dos funcionários;
- mostrar as expectativas da empresa em relação à atuação da equipe e do indivíduo;
- o funcionário planejar seu desenvolvimento pessoal e profissional;
- a empresa obter verbas para remuneração e promoção;
- a empresa elaborar planos de ação para funcionários com desempenho insatisfatório;
- a empresa descobrir novos talentos.

Para Chiavenato (2010, p. 241), "a avaliação de desempenho é um processo que serve para julgar ou estimular o valor, a excelência e as competências de uma pessoa, e, sobretudo, qual é a contribuição para o negócio da organização".

A metodologia de avaliação do desempenho tem como objetivo a modelagem do comportamento pessoal e do profissional, visando à excelência do desempenho do funcionário. Entretanto, o(s) avaliador(es) deve(m) conhecer detalhadamente o programa para que possa(m), no momento da avaliação, ser imparcial(is), objetivo(s) e leal(is) aos propósitos da ferramenta.

14.9 Meritocracia

As empresas que adotam a filosofia da meritocracia reservam um percentual da folha de pagamentos para contemplar profissionais cujo desempenho resulte em resultados favoráveis para a organização; esse desempenho redunda em uma gratificação salarial para o funcionário.

Essa prática parte do princípio de que gratificar os profissionais que se destacam com bonificações generosas produz mais resultados do que conceder um pequeno aumento salarial a todos os colaboradores. Isso ocorre porque, quando reconhecido, o profissional permanecerá engajado e gerando resultados, e, por consequência, outros podem se sentir motivados e melhorar sua produtividade, a fim de também se destacarem.

14.10 Encargos sociais no Brasil

Os encargos sociais são o conjunto de obrigações trabalhistas que deve ser pago mensal e anualmente pela empresa ao governo, além do salário do empregado. Os encargos sociais recaem sobre os salários.

É importante saber o quanto as contratações impactam financeiramente a sustentabilidade da empresa, uma vez que essas porcentagens são de grande relevância.

Férias, adicional de férias, licenças, descanso semanal remunerado (DSR), vale-transporte, fundo de garantia por tempo de serviço (FGTS) e rescisão contratual são alguns dos encargos pagos.

14.11 Aspectos legais do plano de cargos e salários

Alguns aspectos legais incidem na elaboração do PCS, no que tange ao estabelecimento de faixas salariais por cargo, pois, ao serem estabelecidas, podem vir a ocorrer pequenas diferenças que geram reclamações trabalhistas de equiparação salarial.

Segundo a Consolidação das Leis de Trabalho (CLT, Decreto-Lei n. 5.452, de 1º de maio de 1943), em seu art. 461 (Brasil, 1943):

> Art. 461. Sendo idêntica a função, a todo trabalho de igual valor, prestado ao mesmo empregador, na mesma localidade, corresponderá igual salário, sem distinção de sexo, nacionalidade ou idade.
>
> §1º Trabalho de igual valor, para os fins deste Capítulo, será o que for feito com igual produtividade e com a mesma perfeição técnica, entre pessoas cuja diferença de tempo de serviço não for superior a 2 (dois) anos.
>
> §2º Os dispositivos deste artigo não prevalecerão quando o empregador tiver pessoal organizado em quadro de carreira, hipótese em que as promoções deverão obedecer aos critérios de antiguidade e merecimento.
>
> §3º No caso do parágrafo anterior, as promoções deverão ser feitas alternadamente por merecimento e por antiguidade, dentro de cada categoria profissional.
>
> §4º O trabalhador readaptado em nova função por motivo de deficiência física ou mental atestada pelo órgão competente da Previdência Social não servirá de paradigma para fins de equiparação salarial.

Assim, orientar-se pela CLT, principalmente durante a fase da elaboração do plano, evita aborrecimentos futuros.

É importante também que o PCS seja devidamente registrado no Ministério do Trabalho e Emprego (MTE).

O Tribunal Superior do Trabalho (TST) estabelece, na Súmula n. 6, que o quadro de pessoal organizado em carreira somente será válido quando homologado pelo MTE (Guia Trabalhista, 2013):

> Súmula n. 6 Equiparação salarial. Art. 461 da CLT (alterada a redação do item VI na sessão do Tribunal Pleno realizada em 16.11.2010)

I – Para os fins previstos no §2º do art. 461 da CLT, só é válido o quadro de pessoal organizado em carreira quando homologado pelo Ministério do Trabalho, excluindo-se, apenas, dessa exigência o quadro de carreira das entidades de direito público da administração direta, autárquica e fundacional aprovado por ato administrativo da autoridade competente. (ex-Súmula n. 6 – alterada pela Res. 104/2000, DJ 20.12.2000) [...]

Apesar dos riscos de reclamações trabalhistas, as empresas adotam planos com salários diferenciados dentro de uma mesma categoria, atribuindo aumentos salariais baseados no desempenho. A ética e a justiça no local de trabalho são fatores importantes na percepção do funcionário, pois, se a sensação for boa dentro da organização, a possibilidade de se promover ação reclamatória é mínima. Caso contrário, o clima certamente dará espaço a reclamações trabalhistas.

Síntese

Este último capítulo foi elaborado com o objetivo não apenas de revisar parte do que estudamos até aqui, mas também de contribuir com assuntos relacionados ao tema desta obra, no sentido de instigá-lo a buscar mais conhecimento, pois a administração de cargos e salários é um assunto abrangente e muitas outras situações podem ser consideradas durante a sua implementação.

Questões para revisão

1. O que são os encargos sociais?

2. Quais são as etapas/fases para implantação de um plano de cargos e salários?

3. Entre as fases do plano de cargos e salários, a divulgação do plano faz parte da:

   a) 1ª fase.
   b) 2ª fase.
   c) 3ª fase.
   d) 4ª fase.
   e) 5ª fase.

f) 6ª fase.
g) 7ª fase.

4. Qual é a responsabilidade da diretoria perante o plano de cargos e salários?

5. O que você entende por *meritocracia*?

Questões para reflexão

1. Qual é a importância da avaliação de desempenho para o plano de cargos e salários?

2. Qual é a relação entre plano de cargos e salários e cultura organizacional?

3. Redija, com suas palavras, os fatores importantes na etapa de desenvolvimento do plano.

4. Em sua opinião, qual é a importância da etapa de divulgação do plano?

5. Reflita sobre a necessidade da criação de um cronograma durante a implantação do plano de cargos e salários.

Para saber mais

Os *sites* e a obra indicados a seguir o ajudarão a se aprofundar nos assuntos tratados neste capítulo. Boa leitura!

EXAME.COM. Meritocracia. Disponível em: <http://exame.abril.com.br/topicos/meritocracia>. Acesso em: 7 abr. 2014.

EXAME.COM. VOCÊ S/A. Disponível em: <http://exame.abril.com.br/revista-voce-sa/>. Acesso em: 7 abr. 2014.

TERRA. MBA60. Meritocracia, o melhor atídoto contra a mediocridade. Disponível em: <http://www.mba60.com/video/meritocracia-o-melhor-antidoto-contra-a-mediocridade/>. Acesso em: 7 abr. 2014.

DIAS, R. **Cultura organizacional**: construção, consolidação e mudanças. São Paulo: Atlas, 2013.

Para concluir...

A proposta desta obra foi esclarecer o tema da administração de cargos e salários e conduzir você pela jornada de conhecimento em relação à implementação de um plano. Com uma linguagem de fácil compreensão, procurando alinhar teoria e prática, objetivamos com esta obra despertar em você o interesse pelos conhecimentos aqui descritos, norteando-o pelas questões mais relevantes acerca do tema.

As mudanças na área vêm acontecendo a uma velocidade muito alta, e os conceitos que envolvem o tema de cargos e salários estão sofrendo ações de acordo com esse ritmo. Entretanto, mesmo com toda a evolução dos modelos de remuneração, sabemos que o salário é, em primeira instância, o elo entre empresas e trabalhadores.

A preocupação em manter a harmonia entre os equilíbrios interno e externo foi um tema constante no desenvolvimento das ideias que cercam o assunto, pois, sem esses fatores, não há razão de existir a administração de cargos e salários.

As fases do seu desenvolvimento, assim como os conceitos e as metodologias apresentadas, retratam a realidade de muitas organizações.

Por meio do estudo da implementação do plano de cargos e salários (PCS), é possível definirmos muitos aspectos em relação à política da organização. Os erros que são cometidos durante o percurso, muitas vezes por falta de conhecimento em relação ao assunto, podem impactar negativamente tanto no clima organizacional como na saúde financeira da empresa.

Caro leitor, é impossível falarmos de administração de cargos e salários sem mencionarmos os processos de mudança que envolvem as organizações de forma geral. Por meio dessas mudanças, surgem novas oportunidades, como a de desenvolver esta obra, cujo objetivo principal é provocar em você, leitor, o despertar dos novos tempos. Leia, conheça, estude e aplique o máximo de ferramentas que lhe for possível e contribua com a temática aqui desenvolvida de tal maneira que a roda continue girando.

Estudo de caso

Vamos analisar o cenário exposto a seguir.

Empresa de pequeno porte, atuante no ramo gráfico (impressões, plotagens, encadernação etc.), direção formada pelo casal de donos da empresa (modelo de gestão autocrático), dispondo de cinco funcionários registrados e com um faturamento mensal aproximado de 45 mil reais.

Nesse cenário, devemos considerar que a empresa tem mais de 15 anos de mercado e que cresceu dentro de um contexto de baixa concorrência e, dessa forma, desenvolveu-se e fidelizou muitos clientes. No entanto, o cenário mudou, e a procura por serviços prestados pelo ramo de atuação da empresa sofreu um aumento significativo. Ao longo desse tempo, outras empresas concorrentes foram aparecendo, algumas fechando e outras se fortalecendo.

Como tem uma carteira forte de grandes clientes formada no decorrer dos anos, a empresa mantém sua saúde financeira, ou seja, esses clientes são fundamentais para a organização.

Considerando a direção da empresa (formada pelo casal), a evolução e a competitividade do mercado, bem como a dependência dessa carteira para manter a empresa ativa, observam-se os problemas a seguir relacionados:

- falta de planejamento;
- falta de treinamento;
- desorganização;
- clientes migrando para a concorrência;
- queda de faturamento;
- desmotivação;
- rotatividade de funcionários;
- alto índice de absenteísmo para o porte da empresa;
- ausência de incentivo aos funcionários (apenas salário);
- hostilidade da direção da empresa em relação aos funcionários.

No decorrer desta obra, estudamos, além de todas as fases de implementação do plano de cargos e salários, a importância das informações coletadas a cada fase e como podem beneficiar a área de gestão de pessoas sob vários aspectos.

Portanto, diante do cenário descrito e do estudo obtido por meio dos capítulos descritos neste livro, responda às questões que seguem.

1. A implantação de um plano de cargos e salários seria útil para a empresa apresentada? Todas as fases estudadas poderiam ser desenvolvidas? Justifique sua resposta.
2. Levando em consideração o papel do RH no processo de administração de cargos e salários, podemos afirmar que os reflexos do plano trariam melhorias em alguns dos problemas apontados? Em quais problemas e como poderiam ser trabalhados?
3. A desmotivação, a rotatividade e o absenteísmo poderiam ser amenizados por meio da administração de cargos e salários? Justifique sua resposta.
4. Vimos, durante nossos estudos, que a direção da empresa tem um papel fundamental em todos os processos, e o mesmo ocorre na administração de cargos e salários. Diante dessa afirmação, a direção da empresa estudada compromete os resultados e o sucesso dos processos ou está alinhada ao novo contexto relatado? Justifique sua resposta.
5. A empresa apresentada está apta à implantação de um plano de cargos e salários? Justifique sua resposta.

Referências

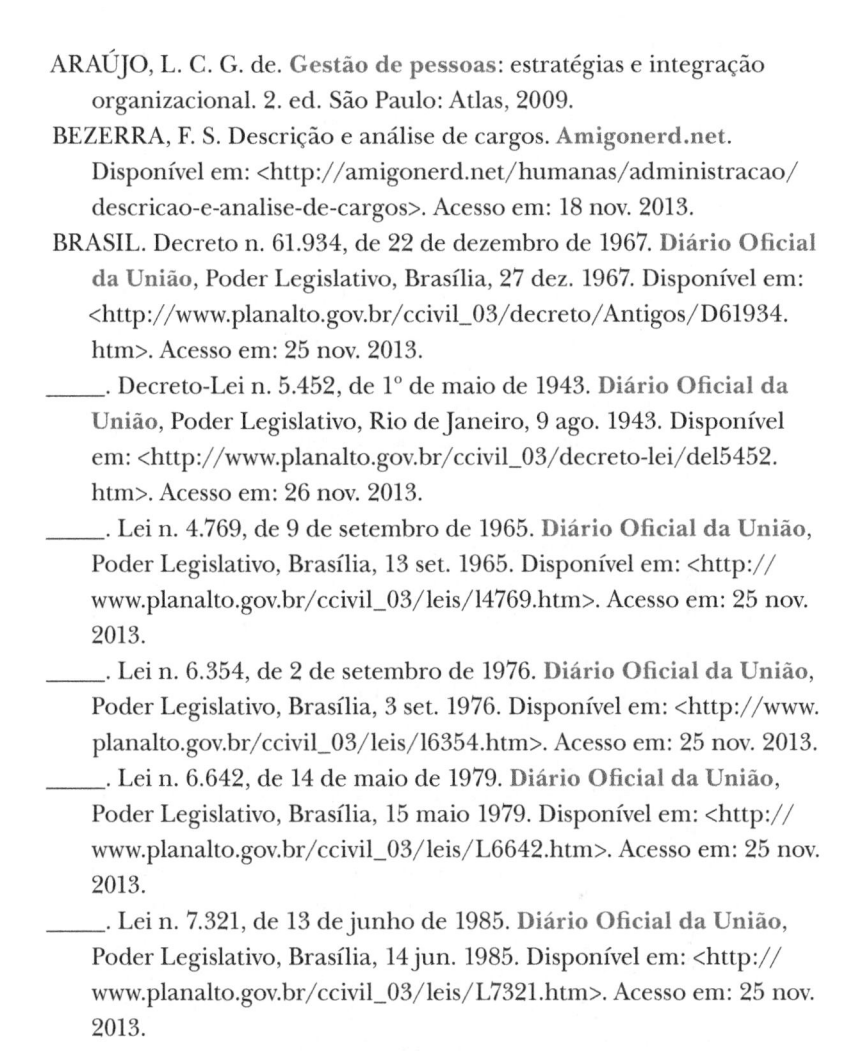

ARAÚJO, L. C. G. de. **Gestão de pessoas**: estratégias e integração organizacional. 2. ed. São Paulo: Atlas, 2009.

BEZERRA, F. S. Descrição e análise de cargos. **Amigonerd.net**. Disponível em: <http://amigonerd.net/humanas/administracao/descricao-e-analise-de-cargos>. Acesso em: 18 nov. 2013.

BRASIL. Decreto n. 61.934, de 22 de dezembro de 1967. **Diário Oficial da União**, Poder Legislativo, Brasília, 27 dez. 1967. Disponível em: <http://www.planalto.gov.br/ccivil_03/decreto/Antigos/D61934.htm>. Acesso em: 25 nov. 2013.

_____. Decreto-Lei n. 5.452, de 1º de maio de 1943. **Diário Oficial da União**, Poder Legislativo, Rio de Janeiro, 9 ago. 1943. Disponível em: <http://www.planalto.gov.br/ccivil_03/decreto-lei/del5452.htm>. Acesso em: 26 nov. 2013.

_____. Lei n. 4.769, de 9 de setembro de 1965. **Diário Oficial da União**, Poder Legislativo, Brasília, 13 set. 1965. Disponível em: <http://www.planalto.gov.br/ccivil_03/leis/l4769.htm>. Acesso em: 25 nov. 2013.

_____. Lei n. 6.354, de 2 de setembro de 1976. **Diário Oficial da União**, Poder Legislativo, Brasília, 3 set. 1976. Disponível em: <http://www.planalto.gov.br/ccivil_03/leis/l6354.htm>. Acesso em: 25 nov. 2013.

_____. Lei n. 6.642, de 14 de maio de 1979. **Diário Oficial da União**, Poder Legislativo, Brasília, 15 maio 1979. Disponível em: <http://www.planalto.gov.br/ccivil_03/leis/L6642.htm>. Acesso em: 25 nov. 2013.

_____. Lei n. 7.321, de 13 de junho de 1985. **Diário Oficial da União**, Poder Legislativo, Brasília, 14 jun. 1985. Disponível em: <http://www.planalto.gov.br/ccivil_03/leis/L7321.htm>. Acesso em: 25 nov. 2013.

_____. Lei n. 8.862, de 7 de junho de 1993. **Diário Oficial da União**, Poder Legislativo, Brasília, 8 jul. 1993. Disponível em: <http://www.planalto.gov.br/ccivil_03/leis/L8662.htm>. Acesso em: 25 nov. 2013.

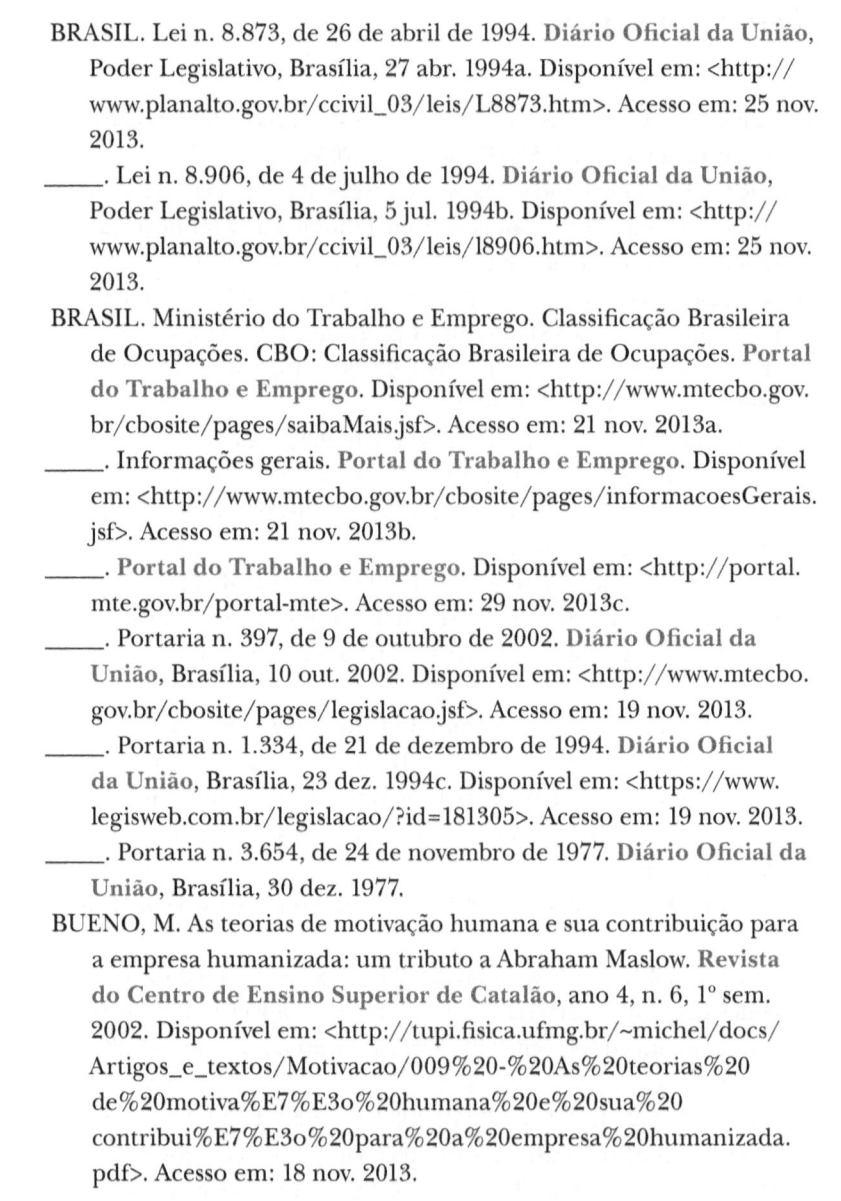

BRASIL. Lei n. 8.873, de 26 de abril de 1994. **Diário Oficial da União**, Poder Legislativo, Brasília, 27 abr. 1994a. Disponível em: <http://www.planalto.gov.br/ccivil_03/leis/L8873.htm>. Acesso em: 25 nov. 2013.

_____. Lei n. 8.906, de 4 de julho de 1994. **Diário Oficial da União**, Poder Legislativo, Brasília, 5 jul. 1994b. Disponível em: <http://www.planalto.gov.br/ccivil_03/leis/l8906.htm>. Acesso em: 25 nov. 2013.

BRASIL. Ministério do Trabalho e Emprego. Classificação Brasileira de Ocupações. CBO: Classificação Brasileira de Ocupações. **Portal do Trabalho e Emprego**. Disponível em: <http://www.mtecbo.gov.br/cbosite/pages/saibaMais.jsf>. Acesso em: 21 nov. 2013a.

_____. Informações gerais. **Portal do Trabalho e Emprego**. Disponível em: <http://www.mtecbo.gov.br/cbosite/pages/informacoesGerais.jsf>. Acesso em: 21 nov. 2013b.

_____. **Portal do Trabalho e Emprego**. Disponível em: <http://portal.mte.gov.br/portal-mte>. Acesso em: 29 nov. 2013c.

_____. Portaria n. 397, de 9 de outubro de 2002. **Diário Oficial da União**, Brasília, 10 out. 2002. Disponível em: <http://www.mtecbo.gov.br/cbosite/pages/legislacao.jsf>. Acesso em: 19 nov. 2013.

_____. Portaria n. 1.334, de 21 de dezembro de 1994. **Diário Oficial da União**, Brasília, 23 dez. 1994c. Disponível em: <https://www.legisweb.com.br/legislacao/?id=181305>. Acesso em: 19 nov. 2013.

_____. Portaria n. 3.654, de 24 de novembro de 1977. **Diário Oficial da União**, Brasília, 30 dez. 1977.

BUENO, M. As teorias de motivação humana e sua contribuição para a empresa humanizada: um tributo a Abraham Maslow. **Revista do Centro de Ensino Superior de Catalão**, ano 4, n. 6, 1º sem. 2002. Disponível em: <http://tupi.fisica.ufmg.br/~michel/docs/Artigos_e_textos/Motivacao/009%20-%20As%20teorias%20de%20motiva%E7%E3o%20humana%20e%20sua%20contribui%E7%E3o%20para%20a%20empresa%20humanizada.pdf>. Acesso em: 18 nov. 2013.

CAMFIELD, C. E. R. et al. Estruturação [do] órgão de recursos humanos na empresa Constantina Turismo Ltda. In: SIMPÓSIO DE EXCELÊNCIA EM GESTÃO E TECNOLOGIA, 7, 2010, Rio de Janeiro. Disponível em: <http://www.aedb.br/seget/artigos10/527_ARTIGO%20vALTUR%20CONSTANTINA.pdf>. Acesso em: 18 nov. 2013.

CARVALHO, A. V.; NASCIMENTO, L. P.; SERAFIM, O. C. G. **Administração de recursos humanos**. São Paulo: Cengage Learning, 2011.

CHIAVENATO, I. **Gestão de pessoas**: o novo papel dos recursos humanos nas organizações. Rio de Janeiro: Campus, 1999.

_____. _____. 3. ed. rev. e atual. Rio de Janeiro: Elsevier, 2010.

_____. **Recursos humanos**: o capital humano das organizações. 8. ed. São Paulo: Atlas, 2004.

_____. **Remuneração, benefícios e relações de trabalho**: como reter talentos na organização. São Paulo: Atlas, 2003.

DAUN, A. A. S. M. **Administração de serviços e benefícios sociais na organização empresarial**: um estudo de caso na empresa Nestlé Brasil Ltda. Trabalho de Conclusão de Curso (Graduação em Administração) – Centro Universitário Eurípides de Marília, Marília, 2008. Disponível em: <http://aberto.univem.edu.br/bitstream/handle/11077/484/Administra%C3%A7%C3%A3o%20de%20Servi%C3%A7os%20e%20Benef%C3%ADcios%20Sociais%20na%20Organiza%C3%A7%C3%A3o%20Empresarial%3A%20Um%20Estudo%20de%20Caso%20na%20Empresa%20Nestl%C3%A9%20Brasil%20Ltda..pdf>. Acesso em: 27 nov. 2013.

GUIA TRABALHISTA. **Cargos e salários**. Disponível em: <http://www.guiatrabalhista.com.br/guia/cargos_e_salarios.htm>. Acesso em: 25 nov. 2013.

HERING, S. de Q. **Motivação dos quadros operacionais para a qualidade sob o enfoque da liderança situacional**. Dissertação (Mestrado em Engenharia de Produção) – Universidade Federal de Santa Catarina, Florianópolis, 1996. Disponível em: <http://www.eps.ufsc.br/disserta96/queiroz/index>. Acesso em: 29 nov. 2013.

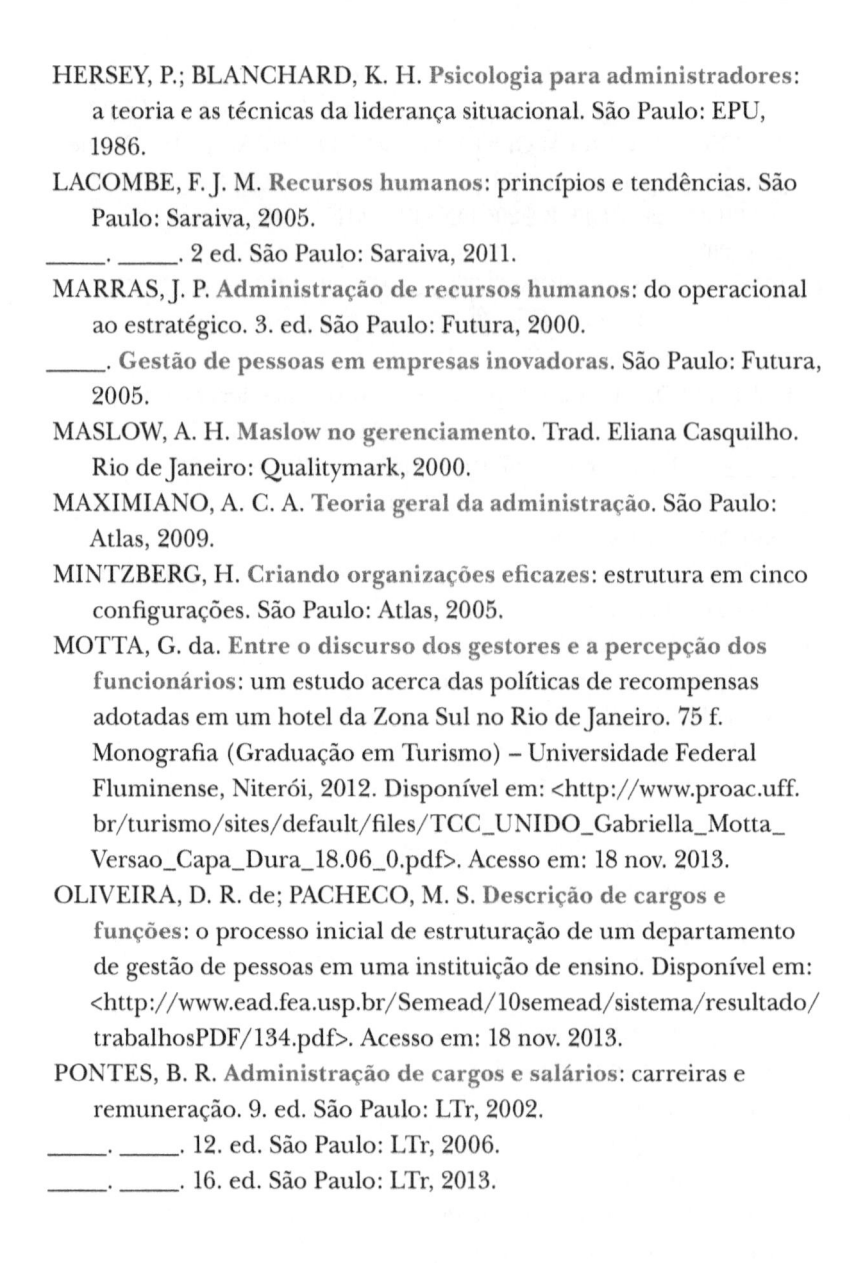

HERSEY, P.; BLANCHARD, K. H. **Psicologia para administradores:** a teoria e as técnicas da liderança situacional. São Paulo: EPU, 1986.

LACOMBE, F. J. M. **Recursos humanos:** princípios e tendências. São Paulo: Saraiva, 2005.

_____. _____. 2 ed. São Paulo: Saraiva, 2011.

MARRAS, J. P. **Administração de recursos humanos:** do operacional ao estratégico. 3. ed. São Paulo: Futura, 2000.

_____. **Gestão de pessoas em empresas inovadoras.** São Paulo: Futura, 2005.

MASLOW, A. H. **Maslow no gerenciamento.** Trad. Eliana Casquilho. Rio de Janeiro: Qualitymark, 2000.

MAXIMIANO, A. C. A. **Teoria geral da administração.** São Paulo: Atlas, 2009.

MINTZBERG, H. **Criando organizações eficazes:** estrutura em cinco configurações. São Paulo: Atlas, 2005.

MOTTA, G. da. **Entre o discurso dos gestores e a percepção dos funcionários:** um estudo acerca das políticas de recompensas adotadas em um hotel da Zona Sul no Rio de Janeiro. 75 f. Monografia (Graduação em Turismo) – Universidade Federal Fluminense, Niterói, 2012. Disponível em: <http://www.proac.uff.br/turismo/sites/default/files/TCC_UNIDO_Gabriella_Motta_Versao_Capa_Dura_18.06_0.pdf>. Acesso em: 18 nov. 2013.

OLIVEIRA, D. R. de; PACHECO, M. S. **Descrição de cargos e funções:** o processo inicial de estruturação de um departamento de gestão de pessoas em uma instituição de ensino. Disponível em: <http://www.ead.fea.usp.br/Semead/10semead/sistema/resultado/trabalhosPDF/134.pdf>. Acesso em: 18 nov. 2013.

PONTES, B. R. **Administração de cargos e salários:** carreiras e remuneração. 9. ed. São Paulo: LTr, 2002.

_____. _____. 12. ed. São Paulo: LTr, 2006.

_____. _____. 16. ed. São Paulo: LTr, 2013.

RUZZARIN, R.; AMARAL, A. P. do; SIMIONOVSCHI, M. Sistema integrado de gestão de pessoas com base em competências. Porto Alegre: Age, 2006.

TEIXEIRA, Gilney M. A curva da maturidade. Apostila publicada pelo DLP, 1985.

ZIMPECK, B. G. Administração de salários. São Paulo: Atlas, 1990.

_____. _____. 7. ed. São Paulo: Atlas, 1992.

Respostas

Capítulo 1

Questões para revisão
1. Sugestão de resposta: Salário representa a troca entre direitos e responsabilidades recíprocos entre empregado e empregador, e podem ser classificados em *nominal, efetivo, complessivo, profissional, relativo* e *absoluto*.
2. b
3. Sugestão de resposta: Manter salários competitivos e atrair pessoas capacitadas é o desejo de todas as organizações.
4. As recompensas financeiras estão classificadas em *diretas* e *indiretas*.
   Diretas: salário direto, prêmios e comissões.
   Indiretas: plano de benefícios, convenções coletivas e serviços sociais – descanso semanal remunerado, gratificações, adicionais (por tempo de serviço, noturno, periculosidade, insalubridade), participação nos lucros, horas extras e férias.
5. a, c, f, h
6. **Remuneração fixa:** são os salários previamente definidos, pagos mensalmente ou por hora.
   Remuneração variável: utilizada para cargos mais elevados, com alto grau de responsabilidade e desempenho voltado para resultados.

Capítulo 2

Questões para revisão
1. A presença do RH é muito importante, pois os profissionais da área dispõem de informação e visão de toda a empresa. Os seis passos estão caracterizados a seguir:
   Passo 1: examinar a estrutura da organização e quantidade de cargos.
   Passo 2: definir metodologia de coleta de dados para análise de cargos.
   Passo 3: selecionar os cargos que serão analisados.
   Passo 4: confrontar dados necessários para a análise de cargos.
   Passo 5: preparar as descrições dos cargos.
   Passo 6: preparar as especificações dos cargos.

2. Tarefa é o conjunto de elementos que requer esforço humano para determinado fim (arquivar documentos e retirar o lixo). Função é o acúmulo de tarefas, ou seja, é um agregado de deveres (por exemplo, manutenção de máquina – retirar a peça, limpar, soldar, etc.).
3. c
4. Jardineiro, operador de máquinas leves, mecânico, eletricista, vigia, pintor.
5. c

Capítulo 3

Questões para revisão
1. Método da observação direta, método do questionário, método da entrevista direta, métodos mistos ou combinados.
2. Método econômico, eficiente e rápido de coleta de dados de um grande número de funcionários.
3. c
4. Sugestão de resposta:
   Qual é o cargo que você desempenha?
   O que você faz?
   Qual é a periodicidade (diária, semanal, mensal)?
   Como você faz? Quais os métodos/procedimentos utilizados?
   Por que você faz? Quais são os objetivos e resultados do seu trabalho?
   Quais são os seus principais deveres e suas responsabilidades?
   Em que condições físicas você trabalha?
   Qual é a escolaridade, experiência e habilidades que o cargo requer?
5. c

Capítulo 4

Questões para revisão
1. d
2. É uma forma resumida de descrição que permite a rápida compreensão do conteúdo do cargo. Geralmente se usa somente a descrição "o que faz".
3. Os procedimentos são: desenvolver informações preliminares sobre o cargo; conduzir as entrevistas; consolidar a informação; verificar a descrição do cargo.
4. É a compilação de todas as descrições e especificações dos cargos.
5. c

Capítulo 5

Questões para revisão
1. É um processo de mensuração que, em última instância, indica quanto vale cada cargo da empresa. Portanto, a avaliação de cargos considera as competências necessárias, sua efetiva utilização e os resultados apresentados pela sua aplicação.
A mensuração das competências necessárias inclui também as dimensões gerenciais, habilidades humanas e posturas comportamentais exigidas pelo cargo.
2. II
3. Sugestão de resposta: Selecionados, dentro de um mesmo grupo ocupacional, os cargos-chave que servem para facilitar o processo de avaliação dos demais cargos, uma vez que se tem uma base para comparação. Os cargos escolhidos como chave devem representar toda a estrutura do plano (do mais importante ao menos importante), representar todas as áreas da empresa e ter ocupantes em número significativo.
4. a
5. a, d, e, g

Capítulo 6

Questões para revisão
1. É a hierarquização dos cargos amostrais (chave) em análise escolhidos por meio de consenso. Os membros do comitê avaliam individualmente cada cargo e depois apresentam aos demais até chegar ao consenso.
2. Esse método parte do princípio de que os graus já estão preestabelecidos e, a partir disso, elabora-se uma tabela de graus, numa ordem crescente, como: grau I, grau II e assim por diante. A partir desse ponto, são analisados os cargos, buscando-se a identificação do conteúdo do grau com as especificações percebidas pelo cargo.
3. Tarefas qualificadas que envolvem seleção e aplicação de procedimentos administrativos diversificados.
Recebe supervisão indireta e mais voltada a problemas inusitados.
É exigida experiência de cinco a sete anos.
4. b
5. c

Capítulo 7

Questões para revisão
1. c
2. c
3. É um instrumento que reúne todos os fatores escolhidos para proceder à avaliação dos cargos, seus respectivos graus e pontos.
4. Cada nível corresponde ao número de pontos atribuídos a um fator específico.

Capítulo 8

Questões para revisão
1. Sugestão de resposta: A curva de maturidade, ou curva de carreira, parte do princípio de que cada indivíduo é um ser único que anseia por desenvolvimento profissional mediante o acúmulo de experiência que, nesse caso, podemos chamar de *maturidade*.
   Dessa forma, pode-se afirmar que o salário recebido pelo profissional é fruto do processo de amadurecimento pelo qual ele passa ao longo da carreira.
2. b
3. Mensurar, por meio de um gráfico, as faixas salariais em virtude do tempo de experiência.
4. Sugestão de resposta: A maturidade, como termo amplo, reflete sobre os aspectos negativos do método e a forma como muitas empresas passam a entender a curva de maturidade, ou seja, traduzindo em amadurecimento profissional, que reconhece não somente o tempo de experiência, mas também o desenvolvimento em termos de conhecimentos.
   Essa forma de reavaliar aponta para a valorização da criatividade, do talento, do conhecimento e da busca por uma carreira sólida e com salários maiores. A maturidade, vista por esse ângulo, resulta em um estímulo ao desenvolvimento dos indivíduos.
5. Utilizado por meio de uma "régua" com graus crescentes de maturidade exigidos do profissional, visando à comparação do currículo deste em relação à exigência do grau, para fins de enquadramento.

Capítulo 9

Questões para revisão
1. É o estudo do comportamento do salário praticado em certo setor empresarial.
2. É realizada por meio da escolha de cargos de diversos grupos ocupacionais (cargos-chave) e, em seguida, da seleção das empresas que participarão do processo de pesquisa.
3. Mesmo ramo de atuação, mesma região, mesmo porte (número de funcionários), faturamento igual ou aproximado etc.
4. Diferentes métodos podem ser utilizados na extração de dados: por meio de critérios estatísticos, pela curva de maturidade e pelo pacote de salário e benefícios oferecidos a cargos executivos.
5. Para um resultado satisfatório, é importante manter um relacionamento de parceria, diálogo e proximidade entre a empresa pesquisadora e a empresa pesquisada.

Capítulo 10

Questões para revisão
1. As fases são:
   - seleção dos cargos a serem pesquisados;
   - seleção das companhias participantes;
   - preparo do manual de coleta de dados;
   - coleta de dados;
   - tabulação;
   - análise dos resultados;
   - relato aos participantes.
2. Considerar as necessidades da empresa, analisando-se o tipo de estrutura existente:
   - representar os vários pontos da curva ou reta salarial da organização;
   - representar os vários setores de atividades da organização;
   - ser facilmente identificáveis no mercado.
3. c
4. b
5. A pesquisa por títulos de cargos e a pesquisa por avaliação ou classificação de cargos.

Capítulo 11

Questões para revisão
1. Mensurar os resultados obtidos pela coleta de dados solicitados às empresas participantes.
2. Analisar cada empresa e o grau de confiabilidade que ela transmite. Esse é o momento de filtrar as informações com

base em critérios de confiança e credibilidade.
3. É baseada em dados como o maior e o menor salário, e entre o 3º e o 1º quartil; por meio dessa análise, chega-se à amplitude salarial. Quanto menor ela for, mais confiável será a informação.
4. b
5. c

Capítulo 12

Questões para revisão
1. É o conjunto de princípios e diretrizes que refletem a orientação e a filosofia da organização no que diz respeito ao assunto de remuneração de seus empregados. Assim, todas as normas presentes e futuras, bem como as decisões sobre cada caso, devem orientar-se por esses princípios e diretrizes. A política salarial não é estática, pelo contrário, é dinâmica e evolui, aperfeiçoando-se com sua aplicação frente a situações que se modificam com rapidez.
2. São concedidos aos funcionários que passam a ocupar cargos de maior responsabilidade ou complexidade dentro da estrutura de cargos e salários. A promoção vertical está vinculada à existência de vaga no quadro de funcionários ou na criação de novos cargos, sendo que o prazo para a passagem é de no mínimo seis meses de permanência no cargo inicial. Os candidatos a uma promoção vertical devem passar por um processo de avaliação conduzido pela área de RH.
3. Acontece quando um cargo recebe atribuições adicionais, de maior complexidade e responsabilidade, que exigem um aporte de conhecimento mais amplo do que as atribuições atuais.
4. Pelo salário correspondente ao valor da primeira faixa salarial.
5. b

Capítulo 13

Questões para revisão
1. Benefícios sociais são vantagens adicionais concedidas pelas empresas com o intuito de complementar o salário.
2. São os benefícios não financeiros oferecidos na forma de serviços, vantagens ou facilidades; por exemplo: refeitório,

plano de saúde, assistência odontológica, serviço social e aconselhamento, clube ou grêmio, transporte em ônibus da empresa, horário flexível.
3. Sugestão de resposta:
   - **Envolver todos os participantes e sindicatos** – por meio de pesquisas internas e com a colaboração dos sindicatos, pode-se verificar o que os funcionários realmente desejam e aquilo de que necessitam.
   - **Comunicar os benefícios** – para que o plano obtenha a satisfação de todos, é imprescindível comunicar e explicar exatamente como os benefícios funcionam; para tanto, pode-se utilizar intranet, memorandos, comunicados de mural, relatórios ou integrações.
4. a, c, e
5. d

Capítulo 14

Questões para revisão

1. Encargos sociais são o conjunto de obrigações trabalhistas que deve ser pago mensal e anualmente pela empresa ao governo, além do salário do empregado.
2. 1ª fase: planejamento e divulgação do plano.
   2ª fase: análise dos cargos.
   3ª fase: avaliação dos cargos.
   4ª fase: pesquisa salarial.
   5ª fase: estrutura salarial.
   6ª fase: política salarial.
   7ª fase: política de remuneração.
3. a
4. Objetivos, funcionamento, resultados esperados, tempo de duração, envolvimento das chefias e dos funcionários, recursos necessários e custos.
5. Sugestão de resposta:
   Essa prática parte do princípio de que gratificar os profissionais que se destacam com bonificações generosas produz mais resultados do que conceder um pequeno aumento salarial a todos os colaboradores. Isso ocorre porque, por meio desse reconhecimento, o profissional permanecerá engajado e gerando resultados, enquanto outros podem se sentir motivados e melhorar sua produtividade, a fim de também se destacarem.

Sobre a autora

Amanda Izabelle Moreno, especialista em gestão estratégica de pessoas e *coaching* executivo, é formada em Administração de Empresas pela faculdade Opet e membro da Sociedade Brasileira de *Coaching*. Atualmente, leciona disciplinas voltadas para a área de gestão de pessoas em cursos de pós-graduação nas modalidades presencial e a distância. Trabalha como consultora empresarial na área de gestão estratégica de pessoas e desenvolvimento de programas de *coaching* e como consultora de artigos científicos em revistas especializadas.

Os papéis utilizados neste livro, certificados por instituições ambientais competentes, são recicláveis, provenientes de fontes renováveis e, portanto, um meio **respons**ável e natural de informação e conhecimento.

Impressão: Reproset
Julho/2023